大連市政二十年史

［監修・解説］
松重充浩・木之内誠・孫安石

近代中国都市案内集成

第38巻

ゆまに書房

監修にあたって

日本大学教授　松重充浩
首都大学東京 教授　木之内誠
神奈川大学教授　孫　安石

明・清時代に青泥窪と呼ばれた一寒村は、三国干渉の見返りとして関東州を租借していたロシアによりダルニー（ロシア語で「遠方」の意）と命名され、一大商港としての歩みを始めることとなる。同地は、日露戦争時に日本により占領され大連と改めて命名され、日露戦後は日本の租借地となる。以後、大連は、日本の統治下で近代的な都市建設と経営が進められ、中国の東北地域を代表する大都市へと発展する。

大連の建設・経営に指導的な立場にあった戦前・戦中期の日本人にとって、同地は、「満蒙物資の呑吐港」として発展する「商工都市」、中国人をはじめとした様々な民族が共住しロシアやヨーロッパに連絡する満鉄線の起点となる「国際都市」、日本の圧倒的な影響でインフラが整備された「近代都市」、近代日本の現地統治の正当性を付与する「聖地」旅順を含む戦跡をたどる「観光都市」、等々、様々なイメージをもって語られるものだったが、そのことは、大連の持つ多様性と共に、その大連の総体的な把握の難しさを示すものともなっていると言えよう。

今回、ゆまに書房が復刻する『近代中国都市案内集成 大連編』は、上述した多様な大連イメージを確認し、再検討していくことを可能とする書物を中心に構成されている。たとえば、『大連商工名録』や『大連商工案内』では中国と外国の商工業をはじめとする日本の現地商工業の状況を示す基礎的なデータが、『大連市事情』では大連が内包する内外の政治的諸関係が、『露治時代ニ於ケル関東州／露国占領前後ニ於ケル大連及旅順』や『大連市政二十年史』では大連の歴史的前提と都市形成の経緯が、『大連旅順観光案内』では20世紀以降の帝国日本が内包するツーリズムの諸事象が、それぞれ記録されている。その意味で、本シリーズは、日本敗戦前の大連を理解し検討していく上で共有されるべき重要なプラットフォームの役割を果たすものとも考えられよう。それは同時に、既にゆまに書房から刊行されている『近代中国都市案内集成』の他のシリーズとの比較を通じて、日本による植民都市建設・経営の諸特徴を明らかにしていく道を拓くものともなっている。

時代の体験者たちの退場が迫る今、本復刻が、戦前・戦中期の都市大連の相貌に想いを馳せ、時代の残影を読み取ろうとする一人でも多くの方に利用していただけることを切に願う次第である。

凡　例

一、本集成は、『近代中国都市案内集成』と題して、日本人が多く渡航した都市と日本及び中国の関係史研究のための基礎的資料を集成、復刻するものである。今回は、既刊上海編十二巻、北京・天津編十三巻の続編であり、26巻から43巻までの十八巻を予定している。
これらは、既刊『近代台湾都市案内集成』、『香港都市案内集成』とともに弊社刊『シリーズ・近代アジアの都市と日本』を形作る。

二、本集成は、内容的に1．ロシア統治時代に関する資料、2．経済資料、3．総覧、4．大連市の公式資料、5．案内書からなる。第三回配本は、大連市の公式資料及び案内書からなる。

三、大連編第三回配本全六巻の収録内容、書誌、寸法は左記のとおりである。
第38巻　大連市政二十年史（大連市役所編・刊、一九三五年 23㎝）
第39巻　大連民政三十一年記念誌（大連民政署編・刊、一九三八年 23㎝）
第40巻　旅順戦蹟志（弦木悌次郎著、川流堂小林又七本店刊、一九一七年〈第四版〉19㎝）

第41巻　大連旅順観光案内（国際観光案内出版部編）、国際観光案内出版部刊、一九四〇年　19㎝）　国際日本文化研究センター所蔵。
第42巻　関東州案内（真鍋五郎著、亜細亜出版協会刊、一九四二年　19㎝）
第43巻　国民必読旅順戦蹟読本（旅順戦史研究会編、満蒙社出版部刊、一九四〇年〈再版〉19㎝）

四、復刻にあたっては、原本の無修正を原則としたが、読みやすくするため本文及び折り込まれた図、表については、適宜拡大・縮小をほどこし、手を加えた点は凡例であげた。原本の多くは、戦前期の大連市で刊行されたものであり、紙質の悪さや経年による劣化の進行により、文字が不鮮明であったり、潰れていたりする箇所もある。また時には、ノンブルが飛んでいたりもする。この点予めご了解頂きたい。

五、第41巻『大連旅順観光案内』の目次は観音開きの折込であったが、都合により頁に配した。そのため、奇数・偶数頁が入れ替わっている。

六、第43巻『国民必読旅順戦蹟読本』では、底本にした書籍の見返しと本扉にスタンプ押印の跡があるが、そのままにした。

七、最終の43巻には、『近代中国都市案内集成 大連編』全体の解説、「大連史年表」及び「大連歴史地図」を付し、読者の便宜を図った。

八、収録作品のなかには、手を尽くしましたが、著作権継承者への連絡がつかない著作がございます。親族および関係者の方は、弊社編集部までご一報頂けますようお願い致します。

〔付記〕原本ご所蔵の国際日本文化研究センターには、出版のご許可をいただき、また製作上の便宜を図っていただきました。ここに特記して謝意を表します。

目　次

監修にあたって
凡例
大連市政二十年史

大連市政二十年史

昭和十年十月

大連市政二十年史

大連市役所

序

遼東半島の一角に位し青泥窪と稱せられたる一寒漁村は三十有餘年の歳月を經過して今日の大大連市を建設し、その偉常なる發展は東洋第一と唱へられたる上海の市況を凌駕するに至れり。日滿兩國の中繼港として頗る重要なるは勿論、北支と密接の關係を有する形勝の地位を占むるのみならず、大連の持つ自由港制度は、大連港をして東亞に於ける最大優越なる通商貿易港として發達せしむるは期して俟つべく、從つて三千萬噸の貨物を呑吐するの大港灣計畫と、人口百萬を包容する大都市計畫の進捗しつゝあるは洵に欣懐に堪へさる處なり。大連市は自治體たる以上、其市制は當然市の發展に伴ふて擴充せらるべきに拘はらず、大正四年特別市制が實施せられ、次で大正十三年關東州市制の公布せられて、內地と同樣の市制確立し、朝鮮、台灣等の我か外地に比すれば一歩を進めたるの觀あるも、市事務の範圍極めて狹少にして多少の遺憾なしとせず。大連市政の擴充は、數年來强調されたる處にして、在滿行政機構の整備を見たる現在に於て、大連市政の根本的擴充は必然行はれざるべからざるものと信ず、市政二十年の經過は、この意味に於て大連市政の豫備時代と謂ふべく、本史に錄する處は市政發達史の一頁とも見るべきものと云ふべし。今茲に市政實施二十年記念式を行はんとするに際し、大連市政の根本的改正を要望して、本書を世上に贈らんとす。

昭和十年十月　於市長公室

大連市長　小川順之助

凡例

一、本書は大連市政二十年を記念するために大連市史の編纂を開始したる機會に於てその蒐集したる資料中より特に市政に關するものを、簡要輯錄して、記念式當日に發刊せんとしたものである。勿論、市政實施以來二十年間の記述に關し、その完整充實せるものは、大連市史に讓る事とした。

一、僅に二十年間の歲月に過ぎざるも、この間に於ける大連市の發達は極めて偉常なるものであり、從つて變遷推移の過程は急激を免れなかつた、市政發展の脈絡、市民增加の趨勢と、而して市の施設經營等々は、或は前後一貫せざるの憾あるも、努めて歷年的に記述した筈である。たゞ市の管掌事務が極めて狹少なるために、又市政擴充の第一階梯として移管せられた事業が、現に改善進步の過程にあつて、その全般を解說し能はざるを遺憾とする。

一、特別市制が實施せられて、衞生、敎育に關する事務を掌理するに際しても、市の經營に移るまでの經過を詳述すべきであり、又各種の施設が實現さるゝに於て、その因由と消息とを悉く蒐錄すべきであるが、本書の發行が、市政二十年記念式を機會として一般に二十年間に於ける市政の梗概を示さんとする趣旨に基きたるものなるを以て、各般に亘れる詳細の記述は、大連市史に掲ぐることゝした。

一、本書の編纂に關し、各方面より與へられたる有益なる資料も、往々簡要を旨とし截錄したもの少なしとさせず、それ等は大連市史に掲載して厚意に酬ひんことを期するものである。

昭和十年猛夏　大連市史編纂室に於て

編　者　識

大連市歌

一

世界《せかい》の平和《へいわ》護《まも》りつゝ　尊《たふと》き歴史《れきし》こゝにあり
こゝ大連《だいれん》は満蒙《まんもう》の　さきがけの地《ち》よ譽《ほまれ》なれ
　我《われ》らは市民《しみん》限《かぎ》りなき
　幸《さち》をいのらん大大連《だいだいれん》の

二

東亞《とうあ》にほこる大埠頭《だいふとう》　歐亞《おうあ》を結《むす》ぶ大鐵路《だいてつろ》
日《ひ》に日《ひ》に集《つど》ふ文明《ぶんめい》の　姿《すがた》はこゝに驗《しるし》あり
　我《われ》らは市民《しみん》手《て》をとりて
　ともに擧《こぞ》らんその道々《みちみち》に

三

櫻《さくら》は咲《さ》きて潔《いさぎ》よく　蘭花《らんか》はかをりとことはに
かゞやく盟《ちかひ》共榮《きようえい》の　はえある先驅《せんく》に起《た》つ我《われ》ら
　晴《は》れたり空《そら》はおほらかに
　大大連《だいだいれん》は力《ちから》あふれて

大連市政二十年史

目次

序文
緒言
第一章　地誌……三
第一節　大連の名稱……三
第二節　位置及地勢……四
第三節　氣候及氣象……七
第四節　戸口及住民……一〇
第二章　特別市規則の發布……二一
第一節　市制實施の請願……二一
第二節　特別市制の實施……二三

第三節　大連市の開廳式……二七
第四節　市の構成及組織……二九
第五節　市規則の改正……三〇
第三章　關東州市制の施行……三七
第一節　關東州市制の公布……三七
第二節　市政事務の擴張……四六
第三節　隣接地編入と町名……四九
第四節　新市制と議決機關……五二
第五節　市政の助成機關……五三
第四章　理事者及名譽職……五五
第一節　市長、助役及收入役……五五
第二節　議長、副議長及參事會員……五八
第三節　官選復選及民選議員……六一
第四節　區委員、區長及代理者……七八
第五節　各部門の常役委員……一二四

第五章　大連市の財政……一四九
第一節　市財政の膨脹……一四九
第二節　戸別割の賦課……一七七
第三節　附加税及特別税……一八一
第四節　使用料及手數料……一八四
第五節　大連市の市債……一八七
第六節　大連市の財産……一八八
第六章　大連市の各種施設……一九五
第一節　施設事業の概要……一九五
第二節　衞生に關する施設……一九六
第三節　敎育に關する施設……一九九
第四節　社會事業に關する施設……二〇四
第五節　産業に關する施設……二〇八
第六節　博覧會の經營……二一四
附　錄
大連市政日誌

大連市長　小川順之助

大連市助役　岡　野　勇

大連市收入役　大　岩　峯　吉

大連市會議長　大内成美

大連市副會議長　若月太郎

特別市制發布關係者

元關東都督府民政長官
白仁武

元關東都督府民政部
庶務課長　黑崎眞也

元大連民政署長
大內丑之助

歴代市長

石本鑽太郎

村井啓太郎

杉野耕三郎

田中千吉

歷代助役及收入役

高濱素

小數賀政市

伊佐壽

瀨谷佐次郎

永井準一郎

關東

近藤誠久

歴代議長及副議長

立川雲平

村田愨麿

石本鑽太郎

恩田熊壽郎

貝瀬謹吾

大内成美

田中宇市郎

現任市會議員

一宮章

今村貫一

石川良三郎

西田猪之助

麗睦堂

張本政

千種峰藏

劉仙洲

小野實雄

現任市會議員

龜澤福禎

笠原博

恩田明

田中宇市郎

高塚源一

高橋猪兎喜

直塚芳夫

蔦井新助

立石保福

現任市會議員

上原進

桑野彌一郎

熊谷直治

矢野靜哉

山口十助

松浦開地良

許億年

古泉光男

黄信之

現任市會議員

相川米太郎

有馬邊

芦刈末喜

三田芳之助

志村德造

周子楊

邵愼亭

森川莊吉

菅原恒男

市役所各課長

總務課長
池田公雄

財務課長
眞鍋良助

衞生課長
武田守人

產業課長
丸山郁之助

社會課長
長濱哲三郎

學務課長
古野保一郎

大連市役所

中央公園內
忠靈塔

中央公園內
水泳プール

中央公園內
植物溫室

大連中學校

彌生高等女學校

大連實業學校

大連市社會館

市營住宅ノ一部

大　連　市　屠　場

卸賣市場（其一）

卸賣市場（其二）

海濱聚落ノ一棟

大連市政二十年史

緒　言

大滿蒙開發の關門として、日本の大陸經營の根據地として我が大連の持つ使命は極めて重要である。固より遼東半島の一角にある漁村寒邑の一部落たりし時代は問ふ處でないが、帝政露國の極東經略に際して、旅順、大連の兩地一帶を租借し、大ダリーニー市を建設して東洋の一大商港たらしめんとするに至つて、ダリーニー市は世界列國の注目を惹き、その將來の發展性が期待せられたのであつた、日露戰役に依りて露國の勢力を滿洲より一掃し、而してポーツマス條約は、日本をして關東州を租借せしめ、南滿洲鐵道を經營する結果を招來し、玆に大滿蒙の開發と、我大陸經營が基礎づけらるゝと共に、大連の位置は非常に重要視さるゝに至つたのである。勿論、近代日本の偉大なる隆興は、上に聖天子の御稜威を仰ぎ、下國民の忠勇勤勉なる精進に基くものであるけれども、一は大連港の經營施設に萬全の努力を傾注して、それを以て滿蒙經營の根據地となしたるなどが、少なくも主もなる原因に數ふべきであらう。天與の港灣と、四通八達の要衝に地位し、その背後地には無限の資源を有する廣漠なる滿蒙の地を把握し、こゝに港大連をして東洋の一大都市を建設せしめ人文の進化と、世界の平和と、人類の康寧とに貢献し、更に日滿支三國の共存共榮を一幅の縮圖としてこの大連に顯現し得たるは、實に我ら在住邦人の絕大なる誇りと云はなければならぬ。

大正四年九月、關東都督府令を以て旅順及大連に特別市制か施行せられ、在住民をして市民自治の機能を啓くに及びて我が新附領土に於ける何れの都市にも未だ曾て市制を實施し、市民自治の機關を具備したるものなきに拘はらず、獨り大連と旅順とに於て、例へ特別的の市制なりとしても、嚴然として市政が施行されたことは大連市の光榮であり、市民の名譽とも云ふべきである。斯くして大連市の建設工作は徐々に進捗して大正十三年勅令に依る處の關東州市制が公布せられ始めて內地の市制と略ぼ類似する現在の市制が確立せられた。爾來駸々乎としてその發展過程を辿りつゝある我が大連市は、各般の施設に萬全を企圖し、或は公益事業に關しては關東廳當局よりの移管を受け、或は博覽會を開催して滿蒙の事物を紹介すると共に大連市の發達を庶幾し、大大連の出現には市の理事者も、市の議決機關も、全市民の要望と相俟ちて關係官憲の協力を求め、過去二十年の時日に於て不斷の經營が試みられたのであつた。若しそれ滿洲事變の發生と、滿洲建國の偉業とを楔機として、我が大連市の使命を顧みるならば、二十年の歲月に亙れる市政の運營が、更に一層の面目を新たにすべきは當然であり、そこに大連市政の擴充なるものが將來せられねばならないのである。

本市は市政二十年を迎へたる記念事業の一として大連市史の編纂に從事するに至つたが、市史編纂の傍らに於て、市制開始以來二十年の記錄を蒐集し、こゝに一編の大連市政二十年史と題し上梓することゝした。勿論、市政を中心とした記錄なるも、その梗概を示すに止まり細密なる變遷と事實とは大連市史に委ぬると共に、市政發展に貢献したる人事と事物とは、洩らす處なかりしを確信するものである。

第一章　地誌

第一節　大連の名稱

大連の名稱は、明治三十八年一月二十七日遼東守備軍令達第三號を以て左の如く佈告されたに基くものである。

遼東守備軍令達第三號

明治三十八年一月二十七日

遼東守備軍司令官　男爵　西　寛二郎

明治三十八年二月十一日以後「青泥窪《ダルニー》」ヲ「大連《ダイレン》」ト改稱ス。

卽ち露國の命名したる青泥窪を大連と改稱したものであつて、露國命名以前に關する名稱には何らの關係なく、又た露國の青泥窪市建設以前は、遼東半島の一角に於ける寒村に過ぎずして部落の名稱が東西青泥窪及黑嘴子なる稱呼を以て呼ばれ、一帶の沿海を大連灣と稱したるは、旅順口が元と獅子口と稱せしも、水陸行旅の順に當りしがためにその名あるに至つたと云ふ如く、灣澳大に連なる處から大連灣又た大聯灣と稱せられたものと見らるゝのである。文献に現はれたるは一八六〇年の英國海圖にターリエンワンと記載されてあり、ロバート・スウインホーの著はせる北支那戰爭實記にも、ターリエンワンなる文字が使用されてゐる。而して光緒五年北洋大臣李鴻章が、淸廷に對して北洋警備の必要から、大連灣に軍港築營の緊要なることを奏議したる際、始めて大連灣なる地的名稱が明記されてゐる。この外國人の文献に現はれたるターリエンワンは、創造の名稱でなくその以前より名けれられてゐたと解せらるゝは、李鴻章の奏議に大連灣なる文字を使用してあるに徴するも明かで、外國人の現はしたるターリエンワンに依りて其名を漢字化したるものでないと思はるゝのである。それはとに角、大連灣あるがためにダリーニー市に大連と命名したものでなく大連地方一帶の占有に依りて軍部當局者が日本獨得に「靑泥窪《タルニー》」を「大連《ダイレン》」と改稱したもので、その令達に濁音の振假名ダイレンと附したるは、大日本帝國占有の意味を强調した眞意が存在せるものと云ふべきである。尙ほ關東州市制第二條には

市ノ廢置、名稱及區域ニ關シテハ關東長官之ヲ定ム、但シ市ノ廢止又ハ市ノ名稱若ハ境界ノ變更ノ場合ニ於テハ其ノ市ノ意見ヲ徵スルコトヲ要ス

とあり。大連市の名稱は、遼東守備軍司令官の令達せる佈告が、何ら改正の必要なく現に存續してゐるのであつて、昭和九年十二月二十四日第八十五回市會に於て大連の稱呼は濁音のダイレンであることを、一議員の質問に對して市理事者が明確に指示したるは最も適當なる措置と云ふべきである。

第二節　位置及地勢

大連は關東州租借地內にある重要都市であつて、北緯三十八度五十六分、東經百二十一度三十六分に位し、日本中央標準時からすれば西に一時間の時差を有してゐる。內地の盛岡地方、朝鮮の平壤地方、支那の天津地方と略ぼ近き緯度にありて、門司を距る六二〇浬、上海とは五五〇浬、芝罘とは八七浬の地點に當り、南は黃海を隔て、遙かに山東省と相對し、西は旅順港と隣接して渤海に臨み、一連の丘陵は東西南の三方に連亘して自然の障壁をなし、大連灣は北方に開けて好箇の門戶をなしてゐる。

大連港灣は、大連灣の西半部約二十九方里（約三千萬坪）の水域を有し、放泊區、柳樹屯區、大連區の三區に分たれ、その主要部分は大連區の中に包含され、北東に向て南の方面に一里餘の防波堤が繞され、その內部の水域八十九萬坪餘が大連內港である。對岸の甘井子は、大連港の補助港として石炭及その他重量貨物の積出を目的とし滿鐵會社の築港せしも

のに係り、將來は大連市に編入さるべき運命に置かれてあると共に、大大連の發達からすれば、遠からず接續地帶たるべく觀測されて居り、從つて大連港灣の擴大性が如何に進展するかを想像せらるゝのである。

現在の大連市街は千四百五萬八千餘坪、卽ち面積二•三平方里に及び、舊大連と新大連（西部大連）との二つに大きく區劃され、更に南に老虎灘市街が伸展し、西へは旅順方面に向つて伸び行きつゝある。地勢は北方沿海の部分に向つて緩傾斜をなし、市の中腹部は稍や隆起し、元と地隙濠渠等少なからざりしが、市街建設以來、連年人工を加へて平闊なる今日の街衢を見るに至つた。斯うした大連の位置及地勢と共に、大連を構成する處の地質に關し、滿鐵地質研究所の村上博士が曾て講演せし大要に依り概說せんに、

先づ構成岩石及土壤の種類は、硅岩は南山全部を構成し、元來は白色なるも不純物を含むが故に汚褐色を呈し之を顯微鏡に照らせば圓形砂粒にして直ちに砂の集合なる事を證し得る、而してこの硅石の純粹なる部分は硝子原料に資用し得、次に粘板岩は所謂泥の固まりで大連市中の地盤は大部分粘板岩にて構成せられ永き年月を經たるため黃褐色を呈し片々に剝げ得るを以て千枚岩と稱すべく、若し此岩石にして緻密に而かも薄く剝げ得らるれば、所謂スレートにて屋根瓦に使用し得べきも大連市中の分は惡質にして實用的價値がない。又た石灰岩は露西亞町方面にて屢々粘板岩の間に介在して石灰岩を發見し更に海岸より海中に入れば恐らくは石灰岩は大部分を占むるならんが、之らの石灰岩は大連市中に少なく而かも著しく不純物を含有し居るを以て粘板岩に類するものがある、而してこの硅岩、粘板岩、石灰岩の三種は、五分乃至一尺の厚さよりなる層をなし、恰も疊を重ねたる如く、南山の麓には深き堀れ溝あり、その崖の高さ四十尺に達するを以て全層の厚さ四十尺と云ふを得べく黃褐色を呈する黃土あり、この黃土は黃褐色の土塊に過ぎざる如く見ゆるも、詳細に觀察すれば大部分は礬土の硅酸鹽類より成り炭酸石灰質を帶び更に石英の細粒、雲母の細片を混入し、その成因は風力に依りて堆積せし一種の地層である。春陽の頃大連にて別に風の吹くを感ぜざるも天地朦朧として山も木

も家も凡べて眼に映ずるもの黄褐色の物質に遮らるゝ事がある、之れは黄土の細粉が遠く蒙古或は北支那方面より風力により流れ來り、一旦大連及その附近に積り更に風のために山麓に吹き寄せられ四十尺餘の厚層をなしたるもので種々の崩壊作用にて周圍の小岩石を混在するは勿論である、而して之らの硅岩、粘板岩及石灰岩等は金州以北に普ねく分布せる片麻岩を根源とし、その風化崩壊作用にて徐々に海中に沈積したものにて其頃は金州城以南は全く海なりしこと明かである。其中第一に堆積したるは硅岩にして土地が漸次陷落して其上に粘板岩が出來し、更に石灰岩を構成したものと云ふべく、此三種の岩石は略ぼ連續した時期であらう、閃綠岩はこの構成に當り地層の喰ひ違で又は弱點に熔岩の突入等にて介在せしものである、尙ほ風化崩壊の自然力は總べての岩石同樣に働らくものでなく、石の硬軟に依りて著しく相違があり卽ち硅岩の如きは容易に浸蝕されず突兀として南山となり、閃綠岩も伏見臺より天神町及滿鐵本社裏なる病院敷地等の臺地として高く存在し、粘板岩石灰岩の如き軟弱なる岩石は比較的早く浸蝕せられて益々低くなり逐に今日の大連の地形となつた。されば大連の地貌は旣に老成期に達せりと云ひ得るのである、

尙ほ大連市の經緯度、面積廣袤及市街面積區分を表記すれば左表の如くである。

經緯度面積廣袤

（昭和十年三月現在）

經緯度	面積	廣袤 東西	廣袤 南北	高低 高地	高低 低地	周圍
東經一二一度三六 北緯三八度五六	四五、五〇五、七七九平方米（一三、七八九、六三〇坪）	一四、一一八米	八、〇九七米	中等潮起算 七〇米	三米	五五粁三〇〇（一四里三町）

市街面積區分

地區	面積	地區	面積
商業地區	一、七四六、八七二平方米（五二九、三五七坪）	滿鐵埠頭用地	四、〇四二、五〇〇平方米（一、二二五、〇〇〇坪）
混合地區	六、三一一、二五〇（一、九一二、五〇〇）	鐵道線路用地	五九五、七六八（一八〇、五六六）
住宅地區	四、五三七、五〇〇（一、三七五、〇〇〇）	區外地	一一、三八二、三六八（三、四四九、二〇二）
工場地區	二、八九九、八七五（八七八、七五〇）	山地	六、九一四、七七四（二、〇九五 三八六）
舊嶺前屯一帶住宅地區	一、九七九、六二一（五九九、八八五）	公園用地	五、一一七、七六九（一、五五〇、八三九）

第三節　氣候及氣象

大連は遼東半島の一角に位し、亞細亞大陸に接續するために大陸性氣候の特性たる夏冬の兩期節風に支配されて乾期と雨期に分れるが概して乾燥の度が強いのであり。併し滿洲內陸に比すれば東西に黃海及渤海を控へて寒暑共に緩和せらるゝことが多分である。更に地理關係より觀れば年を通じて仁川、京城附近の氣候に近く、本邦內地に比すれば冬季の寒氣は北海道に匹敵し、夏期は本州中部地方の暑氣に相似たる程度である。降水量は朝鮮の半額、內地の三分の一にも達せず從つて晴燥の天氣が多く又强風の日が多いことも朝鮮、內地に餘りその例を見ない。今季節を追ふて主なる氣象狀態を示せば、氣溫は大陸高氣壓の消長は年に依り遲速盛衰は免れないが先づ十一月に入れば萬象悉く冬の景觀を呈し北西の季節風漸く卓越して暴風の日多く氣溫は低落して一月中旬より二月半迄を嚴冬期とも云ふべく、氣溫の零下十度內外の寒氣が數日も持續すれば大連灣は結氷するに至り、之れまでの統計に依ると最低氣溫の極は零下十九度九である。冬期間に於ても大陸高氣壓の移動と共に北滿洲を間歇的に通過する低氣壓の影響を受けて南風に變れば往々數日に亙り寒氣を減ずることがあるので所謂三寒四溫の現象を齎らす所以である。五月頃よりは氣溫は急昇して七、八月の交その頂上に達し、從來の最高氣溫の極は三十五度七まで昇つた。十月に入れば再び急速に下降し十一月初冬の候となる、從つて春秋の兩季は冬夏共の氣候轉換期であつて氣溫の變化も復雜で寒暖交々至り、その期間は殊に短いやうな感を懷かしむるのである。而も四、五月の最乾燥期には大陸の颱風の發達も著しく之が東進に伴ひ高氣壓の追及と相俟つて南西風か、北西風が交々强烈にして砂塵濛々卽ち黄沙の現象を觀るも此頃である。降水量は六月より濕潤の期に入り、濃霧屢々海上航行の船舶を惱まし七、八月の交は雨期の最盛期にして此間の雨量は年總量六百粍の半を得ることが多い。冬季の雪は寡量にして積雪の深さも十糎を越ゆることは稀にして過去の統計記錄では三十八糎が其極となつてゐる。風は十月頃より北西の季節風が頻繁となり、一、二月の交が其全盛期で風勢も强く、從來の最强風速度は北位の二十七米九を其極とし、四、五月頃は偏南風との交代期にして風位區々であるが寧ろ一年中最も暴風の日多く月の半ばを算すること珍らしくない、六、七月は南風の頂上に達し南々西位の二十一米六を吹送したことがある。霜雪の季節は、霜の初日は十一月初めに之を觀ること多く朝鮮南部及近畿地方と其期を略ぼ同じくし、三月中を以て終り本邦內地が比較的晩霜を觀るに比し大連附近は槪して早く以て農作物に及ぼす恩惠は氣溫の急昇と共に誠に大なりと云はねばならぬ。初雪は十一月初旬にして朝鮮北部から北海道南海岸地方に類似し三月中に終ること多く、本州中部地方と其期を同じくしてゐる。昭和九年度を通じたる大連の氣象表は左の如くである。

大連氣象表（昭和九年度）

氣溫（攝氏）㈠ハ零度以下

月次	平均	最高	起日	最低	起日

風向及速度（米1秒）

平均風速度	最大風速度	同上方面	起日	最多風向

一月	二月	三月	四月	五月	六月	七月	八月	九月	十月	十一月	十二月	年
(一)八・二	(一)二・四	〇・七	八・五	一六・六	一九・一	二三・七	二三・二	一九・二	一三・〇	五・八	一・二	一〇・〇
二・九	八・一	一六・二	一九・五	二九・一	二八・二	三二・四	二九・四	二七・〇	二三・五	一六・七	一一・六	三二・四
二七	一七	二三	一七 二〇	一三	四	九	六	一二	九	一七	九	九 VII
(一)一六・四	(一)九・六	(一)七・〇	(一)〇・九	三・一	一〇・二	一八・一	一七・八	九・六	三・五	(一)八・六	(一)六・一	(一)一六・四
二四	二	四	一	二	五	五	二五 二九	三〇	二三 二五	二八	二三	二四 I

四・九	五・〇	五・三	五・六	四・八	五・三	四・〇	三・四	四・七	四・三	五・五	三・九	四・七
一三・〇	一四・五	一四・六	一七・〇	一二・七	一七・七	一五・一	一一・九	一三・七	一四・八	一五・六	一三・九	一七・七
北	北	北西	南	南	南西	南々西	南西	北々西	北	北々西	北々西	南西
二〇	一七	一三	三	七	二	二七	二	三〇	二三	一	一〇	二一 VI
北	北々西	北々西	南	南	南々西	南	南	南	南	北	北々西	北々西

降雨量(粍)

月次	總量	最大日量	起日
一月	三・五	三・三	九
二月	九・九	七・三	二八

天氣日數

月次	降水	雪	霜	雷電	霧	快晴	曇天	暴風	最低氣溫 ←10°	最低氣溫 ←0°	最高氣溫 ≧25°
一月	二	三	一〇	―	一	二〇	二	六	二三	三一	―
二月	四	四	二〇	―	―	一六	三	七	―	二七	―

三月	二二・一	八・四	一一	五	九	九	｜	一	一一	七	七	｜	二五	｜
四月	七・四	三・〇	三	四	一	｜	｜	五	七	九	一三	｜	一	｜
五月	二一・九	一七・三	七	五	｜	｜	｜	九	七	八	一一	｜	｜	七
六月	一七七・八	五〇・二	二七	一二	｜	｜	五	九	五	一〇	一三	｜	｜	一二
七月	一四五・〇	四六・〇	一四	九	｜	｜	三	一〇	二	一二	七	｜	｜	二六
八月	一七八・一	四五・九	二〇	一四	｜	｜	五	一	一	一八	三	｜	｜	二六
九月	八二・八	二七・六	四	九	｜	｜	三	｜	七	八	五	｜	｜	七
十月	一五・六	七・七	一三	三	｜	｜	｜	｜	一四	七	九	｜	｜	｜
十一月	二〇・一	一六・二	一	五	五	四	｜	一	一一	五	一二	｜	七	｜
十二月	五・八	二・九	一七	五	一	一五	｜	｜	一〇	九	二	｜	二一	｜
年	六九〇・〇	五〇・二	二七VI	七七	二三	五八	一六	三七	一一一	九八	九五	二三	一一二	七八

第四節　戸口及住民

大連に於ける戸口の増加は非常に加速度であり、その膨脹率は米國シカゴ市に次ぐ世界第二位と云はれてゐる。舊支那時代の一寒漁村たりし頃は數ふべきでなくとも、日露戰役の前後よりして漸次内外人の居住を增加し、明治三十九年末には總戸數五千三十七戸、人口一萬八千八百七十三人、この內邦人は戸數僅に一千九百九十三戸、人口八千二百四十八人に過ぎなかつた。然るに四十四年末には總戸數一萬二千八百三十一戸、人口五萬九百三人、內邦人戸數八千七百九十八戸、人口二萬九千七百七十五人となり、大正四年末には總戸數一萬六千百五十一戸、人口八萬一千二十人、內邦人戸數は九千八百六十六戸、人口三萬八千四百三十八人に増加　、特別市制を實施するに至つたのである。昭和九年十二月末の調査に依れば、總戸數六萬一千百八十八戸、人口三十二萬七千四百三十二人であり、内邦人は二萬六千二百二十九戸にして、人口は十二萬五千六百九十五人である。大正四年以來の人口及戸數につき之を各國人別に區別したるもの左の如くである。

年次	人口 日本人 内地人 男	人口 日本人 内地人 女	人口 日本人 朝鮮人 男	人口 日本人 朝鮮人 女	人口 滿洲人 男	人口 滿洲人 女	人口 外國人 男	人口 外國人 女	人口 合計 男	人口 合計 女	人口 合計 計
大正四年末	一八、八一七	一五、七四六	三	七	三六、二四六	六、三三〇	八〇	三六	五五、一七五	二三、〇〇九	七七、一八四
同　五年末	一九、三七五	一七、〇〇四	三	四	三九、七二三	六、八五八	三九	三〇	五九、一五八	二三、八九六	八三、〇五四
同　六年末	二〇、五三八	一七、九一七	四五	二八	四三、六〇八	八、一五四	四九	四六	六四、二四〇	二六、一四五	九〇、三八五
同　七年末	二三、四三八	一九、一五四	八一	六八	四六、五七一	八、八三〇	四四	四五	六九、一三四	二八、〇九七	九七、二三一
同　八年末	二四、七八一	二〇、五八九	一一八	九八	五二、二八五	一〇、二七九	四六	三三	七七、二三〇	三〇、九九八	一〇八、二二八
同　九年末	二七、五七三	二三、二〇五	一〇三	一三七	八〇、七一五	一四、一一七	七四	四四	一〇八、四六五	三七、五〇三	一四五、九六八
同　十年末	二七、八五四	二三、七七〇	一〇二	一四三	六六、三三六	一二、八六一	八四	六六	九四、二六六	三六、八四〇	一三一、一〇六
同　十一年末	二八、三七九	二五、五四三	一三三	一八二	七四、一一〇	一三、六四九	八四	七七	一〇二、七〇六	三九、四五〇	一四二、一五六
同　十二年末	二九、一二九	二六、〇一〇	一四四	二〇一	七五、八〇九	一四、一三七	一四六	一〇八	一〇五、二二八	四〇、四五六	一四五、六八四
同　十三年末	三七、三九〇	三四、一二三	二三七	三六五	八八、六二四	二二、一一九	二〇二	一四一	一二六、四五三	五六、七四七	一八三、二〇〇
同　十四年末	三八、九〇八	三六、五七八	二三七	三六四	九三、九八五	二七、四八八	一八九	一七〇	一三三、三〇九	六四、六〇〇	一九七、九〇九
昭和元年末	三九、七七五	三七、六六六	二七八	四〇六	九四、九〇一	二八、六九七	一九九	一四七	一三五、一五三	六六、九一六	二〇二、〇六九

昭和二年末	四一、二九一	三八、七六五	三四六	四七七	一〇三、一六九	三二、六三三	二一七	一八三	一四五、〇二三	七二、〇五七	二一七、〇八〇
同 三年末	四三、三三〇	四〇、九五三	三九六	五〇〇	一〇八、七三二	三八、五六五	二一三	一六九	一五二、六六〇	八〇、一八七	二三二、八四七
同 四年末	四五、七七一	四三、〇二三	四八七	五八四	一二三、〇一九	四五、四二六	二七一	二一三	一六九、五四八	八九、二四五	二五八、七九三
同 五年末	四九、八四二	四六、五九二	五三三	六二五	一三三、二〇六	五〇、二二五	三三九	二七九	一八三、九二〇	九七、七二一	二八一、六四一
同 六年末	五一、〇一七	四八、一五五	五一一	六二五	一三五、六六八	四六、六一八	二九六	二六五	一七七、四九二	九五、六六一	二七三、一五三
同 七年末	五四、四四三	五〇、九四四	六九〇	七一〇	一二九、〇四六	四八、七〇八	三一七	三〇七	一八四、四九五	一〇〇、六六九	二八五、一六四
同 八年末	六一、一二五	五六、三三八	八七五	八〇四	一三六、一八七	五一、八二六	三七九	三四七	一九八、五六六	一〇九、三〇五	三〇七、八七一
同 九年末	六五、六八三	六〇、〇一二	九七七	九八二	一四四、四二九	五四、四八三	四六〇	四〇六	二二一、五四九	一一五、八八三	三三七、四三二

年次	戸数 日本人 内地人	戸数 日本人 朝鮮人	戸数 満洲人	戸数 外国人	戸数 計
大正四年末	八、七七二	九	六、二四〇	四五	一五、〇六六
同 五年末	九、〇九一	六	六、七八三	二九	一五、九〇九
同 六年末	九、五六二	一三	七、六九七	三一	一七、三〇三
同 七年末	九、八七一	二九	七、八九〇	二六	一七、八一六
同 八年末	一〇、三六七	四四	八、五六六	二四	一九、〇〇一
同 九年末	一一、四六四	三四	一一、七八八	三四	二三、三二〇
同 十年末	一二、二〇七	三七	一一、三四四	四〇	二三、六二八

同十一年末	一二、八九九	五三	一二、三三九	四六	二五、三三七
同十二年末	一三、一七二	五五	一二、七一九	六五	二六、〇一一
同十三年末	一七、五二九	一〇五	一七、五三五	一〇三	三五、二七二
同十四年末	一七、八八九	一〇七	一九、三九三	九八	三七、四八七
昭和元年末	一八、三三四	一一二	二〇、〇七三	九三	三八、六一二
同二年末	一八、七二四	一三七	二二、三一六	一〇七	四一、二八四
同三年末	一九、四九六	一六二	二四、二四九	一一六	四四、〇二三
同四年末	二〇、二一五	一九二	二七、六九五	一四三	四八、二四五
同五年末	二一、二八六	一八二	三〇、八〇七	一六三	五二、四三八
同六年末	二二、〇六八	二二〇	二八、八一一	一六五	五一、二六四
同七年末	二三、三三九	二七一	三〇、〇二二	一九九	五三、八三一
同八年末	二五、〇三六	二九二	三一、八九〇	二二八	五七、四四六
同九年末	二六、二二九	三五七	三四、三三六	二六六	六一、一八八

而して在住内地人の各本籍地並に各國人の職業別を明かにすれば左表の如くである。

日本人本籍地別人口

本籍地	男	女	計
北海道	七一二	六二六	一、三三八
茨木	七六九	六二七	一、三九六
新潟	一、三〇二	一、一四九	二、四五一

青森	三八九	三三二	七二一
岩手	四一三	三五六	七六八
秋田	六二八	五四〇	一、一六八
山形	七二八	六三〇	一、三五八
宮城	一、〇〇七	八九三	一、九〇〇
福島	八九九	七六九	一、六六八
山梨	三六七	三二八	六九五
靜岡	一、一七一	一、〇六四	二、二三五
愛知	一、五〇九	一、三三一	二、八四〇
三重	七八一	六九二	一、四七三
京都	一、〇三二	九三九	一、九七一
兵庫	二、〇二二	一、八七四	三、八九六
大阪	一、八一三	一、七八七	三、六〇〇
奈良	四三七	三四八	七八五
和歌山	七二七	五九三	一、三二〇
臺灣	六四	五四	一一八
樺太	一五	一一	二六
計	六六、六六〇	六〇、九九四	一二七、六五四

栃木	五五六	五〇二	一、〇五八
群馬	五一四	四六三	九七七
埼玉	五二〇	四五七	九七七
千葉	六一九	六〇二	一、二二一
東京	三、三七七	三、〇一三	六、三九〇
神奈川	九二三	八九一	一、八一四
鳥取	八〇二	七三一	一、五三三
島根	一、一六三	一、一一五	二、二七八
岡山	一、六三六	一、四四九	三、〇八五
廣島	三、四七九	三、一二三	六、六一二
山口	三、二〇九	二、九六九	六、一七八
德島	六五六	五六七	一、二二三
香川	一、〇一九	八七八	一、八九七
愛媛	一、八一六	一、八〇四	三、六二〇
高知	六二三	五七三	一、一九五

富山	九七〇	七七八	一、七四八
石川	八七一	七九六	一、六六七
福井	五八三	四八四	一、〇六七
長野	一、二三〇	一、〇六三	二、二九三
岐阜	八一八	六八三	一、五〇一
滋賀	一、〇三九	七二七	一、七六六
大分	二、六三八	二、三九〇	五、〇二八
福岡	四、四三四	四、二二九	八、六六三
佐賀	二、七〇四	二、六三五	五、三三九
長崎	四、〇四六	四、一八四	八、二三〇
熊本	三、七三九	三、六一四	七、三五三
宮崎	八四二	七二二	一、五六四
鹿兒島	四、〇一一	三、六六五	七、六七六
沖繩	六三	五二	一一五
朝鮮	九七七	九八二	一、九五九

外國人國籍別戶口

國籍	戶數	男	女	計
舊露	一一八	二二五	一九五	四二〇
蘇聯邦	五四	九三	九七	一九〇
英國	一七	三三	一八	五一
獨逸	一九	三三	二四	五七
亞米利加	二一	二七	二七	五四
希臘	五	七	七	一四
ラトビア	一	二		二
アルメニア	一	一	一	二
計	二六六	四六〇	四〇六	八六六

國籍	戶數	男	女	計
丁抹	六	九	一〇	一九
印度	二	八		八
伊太利	二	二	三	五
波蘭	八	一三	一五	二七
瑞西	一	一	二	三
リスアニア	一	一	一	二
エストニア	一	一	一	二
セルビア	一	三	二	五

國籍	戶數	男	女	計
佛蘭西	一	一		一
ベルギー	二	二	二	四
フイリツピン	一	三	一	四
ハンガリー	一	一		一
オランダ	一	一		一
ルーマニア	一	一		一
リトビア	一	三		三

各國人職業別

職業別		農耕畜産蠶業（本業）	農耕畜産蠶業（家族）
内地人	男	一二二	一二三
	女	三〇	一六六
朝鮮人	男	—	—
	女	—	—
滿洲人	男	九二一	七五一
	女	六八	一、一七三
外國人	男	—	—
	女	—	—
合計	男	一、〇四三	八七四
	女	九八	一、三三八
	計	一、一四一	二、二一二

林業	本業	九	—	—	—	三	—	—	—	一二	—	一二
	家族	一〇	二	—	—	三	六	—	—	一三	一七	三〇
漁業製鹽業	本業	二一五	—	一二九	—	三二八	二	—	—	六七二	二	六七四
	家族	一三四	二三八	三五	九〇	二〇〇	三九五	—	—	三六九	七二三	一、〇八二
採鑛冶金業	本業	五六	—	—	—	三七	—	—	—	九三	—	九三
	家族	六一	九四	—	—	六	一四	—	—	六七	一〇八	一七五
土石採取業	本業	二〇	—	—	—	一八〇	五	—	—	二〇〇	五	二〇五
	家族	二三	四三	—	—	八六	一七〇	—	—	一一三	二二三	三三五
窯業	本業	七八	二	—	—	一八〇	—	—	—	二五八	二	二六〇
	家族	九四	一四五	—	—	一〇三	一七八	—	—	一九七	三二三	五二〇
金屬工業	本業	四一一	二	四	—	二、七七五	二	—	—	三、一九〇	四	三、一九四
	家族	二八九	五〇六	—	二	六二三	一、〇二〇	—	—	九一二	一、五二八	二、四四〇
機械器具製造業	本業	一、九三五	二一	七	—	三、二八二	三	一六	—	四、二四〇	二四	四、二六四
	家族	一、八四三	三、二二〇	二	三	八七七	一、六〇八	五	三	二、七二六	四、八三三	七、五五九
化學工業	本業	三三二	五	—	—	一、六一九	四	—	—	一、九五一	九	一、九六〇
	家族	二七三	四七二	一	二	二九九	五〇三	—	—	五七三	九七七	一、五五〇
纖維工業	本業	一三二	一〇	五	—	九八九	一〇二	—	—	一、二三六	一二三	一、二三八
	家族	七六	一五四	—	一	一四〇	三七三	—	—	二一六	五二八	七四四
紙工業	本業	七七	四	二	—	二三八	二八	—	—	三一七	三三	三四九
	家族	三六	六六	—	—	九八	一九七	—	—	一三四	二六三	三九七
皮革骨角甲毛品類製造業	本業	一〇六	九	七	—	九六七	二	一	—	一、〇八一	一二	一、〇九二
	家族	五七	一一七	一	三	一九六	二八一	—	二	二五四	四〇三	六五七
木竹類ニ關スル製造業	本業	四七一	一	四	—	二、五一一	一〇	—	—	二、九八六	一二	二、九九七
	家族	二九四	五六九	二	四	四九〇	九一六	—	—	七八六	一、四八九	二、二七五
飲食料品嗜好品製造業	本業	八〇五	一二一	一〇	—	三、一五二	二三	九	—	三、九七六	一三四	四、一一〇
	家族	四六三	七九〇	三	三	七二三	一、二二三	四	三	一、一九三	二、〇一七	三、二一〇

被服身廻リ品製造業	本業	六七六	三七六	三	一	五、四一九	二三五	五	三	六、一一三	六一五	六、七二八
	家族	三八五	七九三	—	二	九〇六	一、八二三	二	七	一、二九三	二、六三三	三、九二六
土木建築業	本業	一、九五六	一六	六	二	二、八六八	一二	四	—	四、八三四	三〇	四、八六四
	家族	一、四四二	二、九二一	一〇	一四	九一四	一、九〇六	四	五	二、三七〇	四、八四六	七、二一六
製版刷刷製本業	本業	四五九	二〇	三〇	一	一、五五八	五	—	—	二、〇四七	二六	二、〇七三
	家族	二七七	五三八	二七	四四	三四七	六七四	—	—	六五一	一、二五六	一、九〇七
學藝、娛樂裝飾品製造業	本業	一八三	一三	二	—	三一〇	七	一	—	四九六	二〇	五一六
	家族	一二〇	二一五	—	—	一一〇	二〇四	—	—	二三〇	四一九	六四九
瓦斯、電氣、天然力利用ニ關スル業	本業	八九七	二〇	四	—	七六二	—	一	一	一、六六三	二一	一、六八四
	家族	七一一	一、三三二	四	五	二四一	四五二	二	二	九五八	一、七九一	二、七四九
其他ノ工業	本業	八四六	四一	五	—	一、七一九	五	四	—	二、五七四	四六	二、六二〇
	家族	五四二	九一九	七	四	六四九	一、〇八四	一	一	一、一九九	二、〇〇八	三、二〇七
物品販賣業	本業	五、三二六	一、二六九	八九	一三	三、九九五	一五九	八三	三	二八、四九三	一、四四四	二九、九三七
	家族	二、五〇七	四、一五二	二五	六五	四、六一八	七、六〇七	三二	七八	七、一八一	一二、九〇二	一九、〇八三
媒介周旋業	本業	二四二	三六	三	—	一〇八	一	二	—	三五五	三七	三九二
	家族	一八二	三四二	三	七	二六	三九	一	二	二一三	三九〇	六〇二
金融保險業	本業	七九六	四五	一	—	二、三四二	四	一三	—	三、一五一	四九	三、二〇〇
	家族	七二三	一、二三一	一	三	三八八	七一五	二	二	一、一一四	一、九五一	三、〇六五
物品賃貸預リ業	本業	七九	一三	—	—	二〇八	四	三	—	二九〇	一七	三〇七
	家族	五五	一三七	—	—	二四五	一八七	—	三	三〇〇	三三七	六二七
旅宿、飲食店浴場業	本業	一、一六一	二、九四〇	八三	二七六	五、八四〇	三四五	二九	一一	七、一一三	三、五七三	一〇、六八五
	家族	七四〇	一、一八九	五一	六二	七六六	一、二七六	一九	四一	一、五七六	二、五六八	四、一四四
其他ノ商業	本業	一、四二〇	三八二	五二	—	三、九九九	二四	九	—	五、四八〇	四〇六	五、八八六
	家族	一、一一三	一、八八六	三六	五三	一、四四三	二、二五六	三	六	二、五九四	四、二〇一	六、七九五
通信業	本業	一、五四二	一四四	—	—	二八八	—	一三	—	一、八三三	一四四	一、九七七
	家族	一、〇九三	一、九九〇	—	—	一七一	三四五	二	二	一、二六六	二、三三八	三、六〇四

運輸業 本業	六、五六〇	二七三	一〇七	一	二五、七七〇	三	一三	—	三、四四九	二七七	三三、七二六
運輸業 家族	四、六五三	九、八八三	五二	六九	五、六三三	九、七二三	六	二〇	一〇、三四二	一九、六九五	三〇、〇三七
陸海軍人 本業	六六	—	—	—	—	—	—	—	六六	—	六六
陸海軍人 家族	六三	一三一	—	—	—	—	—	—	六三	一三一	一九四
官吏、公吏、雇傭 本業	二、七八五	一一四	一六	四	七八二	一	五	一	三、五八八	一三〇	三、七〇八
官吏、公吏、雇傭 家族	三、五三四	三、九六五	二二	二九	六五五	一、〇二二	二	三	三、二一三	五、〇二八	八、二四〇
宗教ニ關スル業 本業	二四九	六一	三	二	九六	一〇	六	一三	三五四	八五	四三九
宗教ニ關スル業 家族	一七五	二八九	—	二	三一	五二	一	七	二〇七	三五〇	五五七
教育ニ關スル業 本業	七四二	九二	—	—	一七九	一三	八	四	九二九	一〇九	一、〇三八
教育ニ關スル業 家族	八八二	一、四七〇	—	—	一三八	二〇九	三	二	一、〇二三	一、六八一	二、七〇四
醫務ニ關スル業 本業	六三三	八五六	一	三	二五六	六四	二	一	八九一	九二四	一、八一五
醫務ニ關スル業 家族	五九六	一、〇五八	—	二	一〇六	一九〇	—	—	七〇二	一、二五〇	一、九五二
法務ニ關スル業 本業	一一七	八	二	—	二〇	—	三	—	一四二	八	一五〇
法務ニ關スル業 家族	一〇七	一七〇	二	—	九	二五	二	五	一三〇	二〇〇	三三〇
記者著述業 本業	三一八	一六	七	—	四四	二	一	—	三七〇	一八	三八八
記者著述業 家族	三〇一	五五〇	—	三	三五	六二	一	一	三三七	六一六	九五三
藝術家 本業	二五九	一六八	八	—	一五一	一八	一〇	—	四六八	一八六	六一四
藝術家 家族	一四一	二五九	二	一	六四	一二五	一	七	二〇八	三八二	五九〇
其他ノ自由業 本業	一、三六九	五七〇	一九	—	六、二八〇	五〇四	二〇	一四	七、六八八	一、〇八八	八、七七六
其他ノ自由業 家族	九六五	一、八九四	二七	二四	二、一三九	三、五七六	一八	二六	三、一三九	五、五二〇	八、六五九
其他ノ業者 本業	二、三五六	九八二	二二	一	一二、九三九	六一七	三一	六	一四、三三七	一、六〇六	一五、九四三
其他ノ業者 家族	一、九四五	二、九五九	三三	三四	三、八八三	七、五三八	二四	四三	五、八六四	一〇、五七四	一六、四三八
家事使用人 本業	四四七	一、三二〇	二	一〇一	三、四三六	二七〇	一八	九	三、九一二	一、七〇〇	五、六二二
家事使用人 家族	一九九	四〇五	—	二一	一、〇四九	一、四七六	九	九	一、二五七	一、九〇一	三、一五八
收入ニヨル者 本業	六七七	一九八	一	—	三五一	五六	二	一	一、〇三二	二五五	一、二八六
收入ニヨル者 家族	六六三	一、二三八	二	三	三四二	六〇一	—	—	一、〇〇七	一、八三二	二、八三九

無職業 本業	無職業 家族	總計 本業	總計 家族	總計 計
一、八五四	—	三六、九三九	二八、七四四	六五、六八三
一、三六七	—	一〇、一六八	四九、八四四	六〇、〇一二
二〇	—	六四〇	三三七	九七七
二三	—	四〇五	五七七	九八二
一、〇三五	—	一一三、八六八	三〇、五六一	一四四、四二九
六七五	—	二、六〇七	五一、八七六	五四、四八三
一七	—	三〇〇	一六〇	四六〇
三一	—	六六	三四〇	六四〇
二、九二六	—	一五一、七七二	五九、七七七	二一一、五四九
二、〇九六	—	一三、二四七	一〇二、六三六	一一五、八八三
五、〇三三	—	一六五、〇一九	一六二、四一三	三二七、四三二

第二章　特別市規則の發布

第一節　市制實施の請願

戰時及戰後に於て大連に蝟集する邦人は、當初去來恒なく土着心に乏しかつたが、環境の安定に伴ひ漸次居住地に愛着心を生じ自ら公共思想の發達を釀成するに至つたと共に、旣に衛生組合は市民唯一の自治的公共機關として、選擧に依りて委員を擧ぐる等自治體の形體を備へ、且つ別に實業會、町內會、町內聯合會等、年を逐ふて諸種の團體簇生し、衛生組合の管掌事務の如き僅に衛生作業の一部に限局されたるものであり、行政機關として又その補助機關としても一般に不便少なからざるものがあつた。而して實業會、町內聯合會の如き互に抗爭的態度を持して漸く弊害を生ぜんとしたるを以て大連市民中には全市の各團體を統一して一團となし團結融合の實を擧げんとの趣旨から市の設置方を建議せんとするに至つた。勿論當時に於て我が海外領土に市制を實施したるは絕無なるを以て直ちに大連に市制の施行を要請するは至難なりとして、聯合町內會及市內各有志者間には屢々會合して大連自治團體設置請願に關して協議する處ありたるが、その主義としては聯合町內會の公認を求め、之が設置を强制すべき都督府令の發布を請願することゝし、團體の名稱は大連市民會と稱し、民會長一人、民會副長二人、評議員二十四人を以て組織し、正副會長は民會の推薦に依り都督の任命を要し、評議員は總員の三分の一を民政署の官選とし、その他の三分の二を民選とすべく、民會の事業は當分公衆衛生及敎育に關し特に監督官廳の指定したる事項となし、更に大連、小崗子を數區に分ちて各區に町會を組織せしめ、町會長及其代理者各一人を置き民會の補助執行機關とし、民會長及民會副長の任期各三年、評議員及町長は各一年の任期とし、民會は以上の事業を遂行するため公費徵收の權限を有すること等がその內容であつた。斯くて愈々大連自治團體設置府令發布請願書は、聯合町內會加入の各町內會長と其他市民有志として相生由太郞、石埼震二、井上一男、須田綱鑑、神成季吉、河邊勝、原田虎太郎、金子平吉、村田誠治、大來修治、竹内垣造諸氏の連署を以て、大正二年八月二十日石本鑽太郎、飯塚松太郎、福田顯四郎、早野重右衞門の四氏代表者となり大連民政署長に對し、次の請願書と前記内容の市民會規約草案とを提出して、その認可を要望したのであつた。

請　願　書

謹みて按ずるに現在に於ける大連市は急速なる發展を遂げ事務進運の顯著なる之を戰後開埠當時の實況に比すれば殆んど隔世の感有之候蓋都督府の施政常に德政一貫撫民の方針に出で其の機宜を得たる賜に外ならず之れ我々大連市民の居常感佩措かざる處に有之候然れども隴を得て蜀を望む我々市民は尙一議閣下に御明裁を煩はさゞれば止まざるもの有之候他なし大連市に公認自治團體設置の急要なるは夙に御明察の事と存ぜられ候へども人口稀薄にして諸般の秩序未だ定まらざる時代に於ては之を言はず現在の大連の如く內は旣に七萬の人口を有し外には東洋無比の貿易港たる名聲を發揚しつゝある今日に於て尙且つ市民自治團體の設備なきは市の成美を缺くにし處て我々市民は常に遺憾として措かざる處に有之候大連市が物質的に於ては業已に或程度の發展を遂げ居るに拘はらず市民統一の實之に伴はず協同一致の步調を取る能はざるが如き閣下の夙に御諒承の事なるべく此の如き所以のものは要するに市內に之を統一するの公認自治團體缺如の致す處と存ぜられ候若し夫れ大連の公認自治團體設置あらんか玆に市民の統一を圖るを得如上の弊害を除去すると同時に亦一面に於ては官民意志の疏通上其効果蓋し尠少に非ざるべく延いて大連市の發展を促進する上に貢獻する處大なるべきは疑を容れざる處に候、尙當市の如き各其生國を異にし風習等同じからざる多數人の構成せる植民地に於ては在住者の統一を圖り協力一致の美風を養成し以て市百年の大計を定むる上に於て自治制施行は最も緊要なる事と確信罷在候

我々市民が閣下に對し公認自治團體の設置を請願する理由は以上縷陳の如くに候、今日の大連は創設日尙淺く未だ內地

市町村に於けるが如き純然たる自治團體の設置を翹望するは尙ほ其時機に非る如く顧慮罷在候へば機運の至るまで姑く一部自治機關を有する團體の設置に滿足する外無之と存じ候大連民政署監督の下に在て今日の市民に適當したる一部行政事務の執行委託を受け此の團體を利用して市民の團結を固ふし官府との間に密接なる聯絡を取り官民間の意志を十分に疎通せしむるを得他日完全なる自治制實施の素地をなすを得ば幸福とする處に有之候。

右の如き趣意なるを以て團體に於て經營すべき事業の如きは其の基礎鞏固となるまでの間は差し當り行政の一部たる公衆衞生事業及敎育行政中に於ける高等女學校の經營及官廳の御命令事項を施行仕度其經費の如き或程度までは市民に於て負擔に耐へ得るの確信を有し居り候我々大連市民は以上の理由に依り今や公認自治團體の設置を熱望罷在候へども之が實現は一に法律の効力を有する府令の强制に待たざるべからず依て御參考として別紙規則草案を提出仕候間至急御詮議の上自治團體の設備に關し特に府令御發布相成度此段奉請願候也。

第二節　特別市制の實施

大連市民の要望はその請願書となつて現はれ、環境の事情も大連に市民自治の公共機關を制定するの時期に到達せるも我が海外の領地として臺灣に於ても朝鮮に於ても未だ重要都市に內地市町村制に類似したる市制を實施せざるがために、關東州內に市制を設くることは聊か早計の感ある如くであるが、關東州が一の租借地として凡べての機構に特異なるものが存し、且つ在外居留民に對する居留民會ともその組織形體を異にする結果、都督府當局者は愼重なる審議を盡し愈々大連及旅順に特別市制を實施するに決し、大正四年九月三日白仁都督府民政長官は大連在住の有力者三十名を大連民政署に召集し市制案內示會を開き、八日關東都督府令第二十六號を以て大連及旅順市規則を公布したのである。公布せられた市規則中、大正八、九、十年に於て改正を加へられたるもの左の如くである。

大連及旅順市規則

大正四年九月八日

關東都督府令第二十六號

改正　大正八年第一號、九年關東廳令第七七號、一〇年第七〇號

大連及旅順市規則左ノ通定ム

大連及旅順市規則

第一條　大連及旅順ニ市ヲ設置シ教育衛生及其他ニ關シ特ニ指定シタル事務ヲ掌ラシム

第二條　市内ニ住所ヲ有スル者ハ市ノ費用ヲ分任スル義務ヲ有ス

第三條　市ハ必要ナル規程ヲ設クルコトヲ得

第四條　市ニ市會ヲ置ク

第五條　市會議員ノ定數ハ大連ハ三十六名旅順ハ十六名トス

第六條　大連市會議員定數中半數ハ別ニ定ムル規定ニヨリ之ヲ選擧シ半數ハ其ノ市内ニ居住ノ學識、名望アル者ニ就キ民政署長之ヲ選任ス

旅順市會議員定數中半數ハ其ノ市ニ居住シ學識、名望アル者ニ就キ民政署長之ヲ選任シ半數ハ其ノ市ニ居住スル者ニ就キ民政署長ノ選任シタル議員之ヲ選擧ス

第七條　市會議員ハ名譽職トシ其ノ任期ハ二年トス、但シ補闕ニ係ル者ハ其ノ前任者ノ殘任期間在任ス

第八條　市會ハ市ニ關スル事件ヲ議決ス其ノ概目左ノ如シ

一　規程ヲ設ケ又ハ改廢スルコト

二　歳入出豫算ヲ定ムルコト
三　決算報告ヲ認定スルコト
四　財產及營造物ノ管理方法ヲ定ムルコト
五　市費其ノ他使用料、手數料ノ賦課徵收ニ關スルコト
六　歳入出豫算ヲ以テ定ムルモノヲ除クノ外新ニ義務ノ負擔ヲ爲シ又ハ權利ノ拋棄ヲ爲スコト
第九條　市會ノ權限ニ屬スル事件ノ一部ハ其ノ議決ニ依リ市長ヲシテ之ヲ專決處分セシメ若ハ議員ノ互選ヲ以テ常任委員ヲ設ケ之ニ委任スルコトヲ得
第十條　市會ハ市長ヲ以テ其ノ議長トス市長事故アルトキハ其ノ代理者議長ノ職務ヲ行フ
第十一條　市會ノ招集及開閉ハ市長之ヲ掌ル市會ハ議員定數ノ半數以上出席スルニ非レハ會議ヲ開クコトヲ得ス
第十二條　市ニ市長ヲ置ク
市長ノ任期ハ四年トス
市長ハ市會ノ推薦セル候補者三名中ニツキ關東長官之ヲ選任ス
市長ハ市ヲ代表シ市ノ事務ヲ擔任ス
第十三條　市會ノ議決、其ノ權限ヲ越エ、法令若ハ議事規則ニ違反シ其ノ他公益ヲ害シ又ハ市ノ收支ニ關シ不適當ナリト認ムルトキハ市長ハ民政署長ノ指揮ニ依リ理由ヲ示シテ之ヲ再議ニ付シ仍改メサルトキハ其ノ議決ヲ取消スコトヲ得
市會カ成立セサルトキ、會議ヲ開クコト能ハサルトキ、議決スヘキ事件ヲ議決セサルトキ又ハ前項ノ場合ニ於テ市會ノ議決ヲ取消シタルトキハ市長ハ民政署長ノ指揮ニ依リ其ノ議決スヘキ事件ヲ處理スヘシ
第十四條　市ニ助役及書記若干名ヲ置キ市長之ヲ任免ス但シ助役ノ任免ニ付テハ民政署長ノ認可ヲ受クヘシ

助役ハ市長ヲ補助シ市長事故アルトキハ之ヲ代理ス
第十四條ノ二　市ハ教育及衛生事務ニ關シ常設委員ヲ置クコトヲ得
委員ハ名譽職トス市會ニ於テ市會議員其ノ他ノ者ヨリ之ヲ選擧シ民政署長ノ認可ヲ受クヘシ
第十五條　市ハ處務便宜ノ爲區ヲ劃シ委員ヲ置クコトヲ得
第十六條　市費其ノ他ノ徵收及支拂ニ關シテハ別段ノ規程ヲ設クルモノノ外關東州地方費ノ例ニ依ル市費其ノ他ノ徵收金ニ關スル事項ニ付テハ五圓以下ノ科料ヲ科スル規程ヲ設クルコトヲ得
第十七條　監督官廳ハ市ノ監督上必要ナル命令ヲ發シ又ハ處分ヲ爲スコトヲ得
前項ニ依リ特ニ費用ノ支出ヲ要スルモノアルトキハ總テ市ノ負擔トス
第十八條　左ニ揭クル事件ハ民政署長ノ許可ヲ受クヘシ
一　規程ヲ設ケ又ハ改廢スルコト
二　數人又ハ市內ノ一部ニ對シ特ニ市ノ負擔ヲ爲サシメ若クハ不均一ノ賦課ヲナスコト
三　財產及營造物ノ管理方法ニ關スルコト
四　歲入出豫算ヲ以テ定ムルモノヲ除クノ外新ニ義務ノ負擔ヲ爲シ又ハ權利ノ拋棄ヲ爲スコト
民政署長ノ許可ヲ要スル事件ニ付テハ民政署長ハ更正シテ許可ヲ與フルコトヲ得
第十九條　民政署長ハ市ノ歲入出豫算ヲ不適當ト認ムルトキハ追加又ハ更正ヲ命スルコトヲ得
第二十條　市會議員其ノ職務ヲ怠リ又ハ體面ヲ汚損スルノ行爲アリト認ムルトキハ民政署長ハ之ヲ解任スルコトヲ得
第二十一條　民政署長ハ市吏員ニ對シ懲戒ヲ行フコトヲ得其ノ懲戒處分ハ譴責、二十五圓以下ノ過怠金及解職トス但シ市長ニ對スル懲戒ハ關東長官之ヲ行フ

附　則

第二十二條　本令ハ大正四年十月一日ヨリ之ヲ施行ス

第二十三條　衞生組合規則ハ大連及旅順ニ之ヲ施行セス

大連衞生組合、旅順衞生組合ノ事務及權利、義務ハ各當該市ニ於テ之ヲ承繼ス

第二十四條　本令施行ノ際市長就職ニ至ル迄ノ間其ノ職務ハ民政署長之ヲ行フ

附　則（大正一〇年關東廳令第七〇號）

本令ハ公布ノ日ヨリ之ヲ施行ス但シ市會議員ノ選任及選擧ニ關シテハ次期ノ選任及選擧ヨリ之ヲ施行ス

斯くて大正四年十月一日、大連民政署は告示第一二號を以て大連市役所を市内西通三七二號地に設置し、同時に初めて大連市政事務を開始した。而して大内民政署長は同日十五名の官選議員を選任して直ちに民政署に召集し、連記無記名投票を以て復選議員の選擧を行ひ、大連市會最初の市會議員三十名の選任を総つたので午後三時から大内民政署長假議長席に着き、第一回市會が開會せられ直ちに市長選擧を行つた結果、第一候補石本鏆太郎、第二候補相生由太郎、第三候補石埼震二の三氏が當選したるを以て、三候補者中より中村關東都督は第一候補石本鏆太郎氏を大連市長に任命した。一方大内民政署長は大連衞生組合より引繼を受けた組合の事務及舊衞生組合の業務を石本市長に引渡しを行つたが、市制の施行さるべき區域は大連市街一圓、小崗子市街一圓及寺兒溝一圓と定められたのである。

第三節　大連市の開廳式

大連市規則の實施に依り大連市制に基く處の大連市役所の開廳を見てより、大連市會の組織、執行機關たる市役所の内面的整備のため約一箇月を經過したる後に於て、大正四年十一月二日、天長の聖節に先き立つ一日をトし、大連ヤマトホ

テルに於て盛大なる開廳式を擧げた。式典は開會の辭、市長式辭、民政長官祝詞、來賓祝詞、開宴、閉會の順序にて行はれ、來賓としては、民政長官代理五泉事務官、西川都督府參謀長、大内民政署長、中村滿鐵總裁を始め、在連內外の主もなる貴紳官民、旅順市會議員其他各方面の代表者等總數約六百名、非常なる盛儀を極めた。式辭及祝詞は左の如くである。

式辭

恭しく惟みるに此地我皇澤に霑ふこと既に十載昌平日に久しく繁榮年と共に加ふるの秋に當り關東都督府は新たに特別市制を公布し明かに條章を定め示すに其處理する處の事務を以てせらる爾來專心當事者と共に其法を編し其所を設け準備漸く成り茲に本日を以て開廳の式典を擧ぐるは洵に我市興隆の一新紀元にして慶賀措く能はざる所なり不肖鑽太郎乏しきを市長の重任に承り不敏素より其任に非るも私を去り公に就き民意を尊重し事皆衆議に諮ひ以て福利を增進し力めて市制の精神に副はんことを期す謹んで之を式辭となす

大正四年十一月二日

大連市長　石本鑽太郎

祝辭

茲に大連市開廳式に臨みて一言を述ぶるを得るは本官の最も光榮とする處なり

顧るに梯航萬里關東州に來れるの士は夙に帝國發展の先驅を以て自ら任ぜらるゝのみならず其多くは既に自治の經驗を母國に積めるの人なり共許多の抱負あらんこと知るべきのみ之より先き都督府は機を察して關東州の大市街に自治の制を布かんとするの念ありしも一には諸君が方に經濟的發展に熱中し自己の立脚地を作らんとするに惟れ日も足らずして未だ他を顧みるに遑なきことを知り一には諸君の交態に於て互に叶畦なかるべき歷史的連絡の必要なることを知れり之れ其發布の荏苒今日に遷延せし所以なり今や租借以來既に十年根底稍定まりて經濟的地盤亦漸く鞏固ならんとするもの

あり時會々千載一遇の大典行はるゝに値ふ豈に徒らに逸すべけんや乃ち進みて自治制の發布をなすに至れり然れども之れ只階梯のみ初歩のみ想ふに現に實施せんとする規則は諸君が母國の經驗に徴し必ずや慊焉たるものあらんも法は何ぞ伸縮の餘地なからんや妙は活用の如何に在つて存す自治體の形既に成れり矣之に伴ふべき短を棄てゝ其長を採り之をして完璧たらしめんには一に懸つて諸君の双肩に在り諸君それ之を努めよ

大正四年十一月二日

關東都督府民政長官　白仁武

祝辭

大連市制新たに成り茲に本日を以て市役所開廳式を擧行せらる吾人此地に住し此發達を目覩するもの何ぞ慶賀せざるを得んや惟ふに大連市制實施が吾人に指示する處の其意義淺少ならざるものあり何ぞや同胞の海外發展は自然の機運に屬すと雖も苟くも其間團體的自治の能力を具備するに非ざれば所謂海外の發展なるもの其效果なかるべきのみ切に望む當事者諸君大連の市制實施が國家の進運に關係する處重大なるものあるを顧念し協心戮力能く公共の利弊を判別し進んで本市の繁榮を策し以て滿蒙開發の階梯たらしめん事を之を祝辭となす

大正四年十一月二日

南滿洲鐵道會社總裁　男爵　中村雄次郎

第四節　市の構成及組織

市規則に依る大連市の構成は、執行機關と議決機關との二つであつて、執行機關は市長であり其任期を四年とし市會の推薦せる候補者三人中につき關東都督之を選任し、市長の補助機關として助役及書記を置き市長之を任免した。而して助役の任免は民政署長の認可を得る事とし別に收入役を設けず書記をして市の出納其の他の會計事務を掌理せしめたのである。又た議決機關として市會を置き市會は半數官選半數復選の市會議員を以て之を組織した。卽ち市會議員の定員は三十名とし、當分の內其半數は民政署長之を選任し、他の半數は其の市に住所を有し相當學識名望あるものにつき選任したる官選議員をして之を選擧せしめ其就任は民政署長の認可を要せしめたのである。而して市會は市長を以て議長とし、市長事故ある時は助役をして其職務を代行せしめた。尙ほ市參事會の制度は之を認めず市會議員の互選を以て常設委員を設置し、市會の議決に依りその權限に屬する一部輕易なる事項を委任し以て市參事會類似の權限を行はしめた。而してこの際に於ける市の管掌事務は、市の前身たる衞生組合より承繼した公衆衞生に關する施設の外、小學校及公學堂の普通事務及教育に關する事務等特に指定された極めて範圍の狹少なる事務に過ぎずして、從前の衞生組合に比し公共的事業範圍を擴張し、稍地方自治團體の體制を備ふるに至つたのみで、之を內地の自治體に較ぶれば特異の點少なくないが、之れ畢竟地方の事情を參酌し過渡期に於ける制度として實際的に適合せんことを期したのであつた。斯くて大連市役所は石本市長の下に大正四年十一月十七日高濱素氏を助役に任命し、庶務、學務、衞生及會計の四課を設け、庶務及學務課長は高濱助役兼任し、書記江口正兵衞は會計課長、書記足立秀次郎は衞生課長に何れも任命せられ、第一區より第二十區及小崗子を東西南北の四區に分ちたる各區には區委員を任命して市政の補助機關とし、大連市は玆に自治體の形體を整へたのである。

第五節　市規則の改正

時運の推移と市勢の現狀とは、大正四年九月公布されたる大連及旅順市規則に依る大連市政の運用には不便を感ずるものゝ少なからぬに至つた。この間に於て大連市會は屢々市規則の改正に關して審議したのであるが、大正六年・八月には左の建議を民政署長に提出した。

當市規則實施以來滿二箇年に垂とし市會議員の任期亦目睫の間に迫り候處此機會を以て市規則中左記の通り改正の必要を認め市會の決議を經て此段建議候也

一、議員の定數大連三十名とあるを三十六名に增加する事

大連民政署六月末の調査に依れば大連市の人口は日本人三萬七千七百八十三人、支那人四萬六千九十人合計八萬四千六百九十三人なるも精密に之を調査する時は九萬人を下らざるものと思惟す殊に日に月に發展する當市の現況に觀れば歲を經ずして人口十萬以上を數ふるに至るべきは察するに難からず然るに內地市制に依るも亦當市の狀勢に鑑みるも議員數の三十名は今日に於ても既に少なきに過ぐるの嫌あるが故に市制の規定に傚ひ更に六名を增加し三十六名の定數に改められんことを望む。

二、市會に議長及副議長を置く事

市長が市會の議長となるは議事の進行上其他不便の點少なからず故に市制の規定に傚ひ議員中より議長及副議長を選擧することに改められんことを望む

次で大正九年二月十九日付を以て再び市規則改正に關し左の如く建議した。

凡そ地方の事務に關し其地方住民をして參與せしむるの有益なることは呶々を要せざる處にして大連及旅順市規則の實施亦完全なる自治制實施の準備に他ならざりし儀と確信致候惟ふに我大連民政署開始以來正に十有五年此間時に市況の浮沈盛衰は之れありしも順調なる發展を遂げ特に最近四五年間の進步發達は洵に著しきもの有之人口の如き實に十五萬を算し日本人のみを以てするも既に六萬に垂んとするの盛況に達し而かも其資力智識其他自治市民たる資格に於て他の內外先進都市に比し毫も遜色なきは一般の承認する處に有之加之我大連は國家的國際的使命を滯ぶる主要地位を占むるを以て其盛衰は直ちに繫つて帝國の得失となり在住邦人の利害に影響を及ぼすが故に速に大連の都市的施設事業を進捗

し之が完成を期せざるべからざる儀に存候之が爲には直接利害關係を有する市民をして事務に膺らしむるを最も必要とすべく卽ち官に於て其機軸を握り方針を設け其適當なる事務は擧げて之を市民の自治に委ねなば官の繁雜を省き併せて市民をして國家に對する本務を盡さしむる所以の途と可相成思考致候惟ふに官治行政必らずしも不利益とのみ斷ずべからざるも由來我大連は其民政署長を代ふるなど頗る頻繁にして既往十五年間に於て實に九人の多きに及び其一代の任期平均僅に一年數箇月に過ぎず此間に於ける施政の一張一地は市民の不安となり市の發展上至大の影響を來したるは行政上の一大缺陷と云ふべく其國家的使命を果す上に於て更に一層の考慮を要するの儀と存候殊に市勢既に先進都市を凌駕し居る以上市民に自治の責任を分ち公事に盡さしむる事とせば假令官制の改革上長の交迭を見ることあるも市は獨立自營以て其基礎を鞏固ならしむるのみならず國家百年の計に副ふ所以と可相成と確信致候仍て此際大連市の權限を擴張して文明都市に於ける自治行政の權能を概括的に付與せられんことを請ふと共に市會議員の選擧方法及市會の組織を改正して此權能の發揮に應へんと欲する次第に候右の結果として大連市に對する現在官營の公共事業にして市の經營に移すべきもの多く爲に市財政の膨張を來すべきは論を待たざる處なるも市營に適當なる從來の官營事業は擧げて之を市營に移し同時に之に附帶する諸種の財源も亦移さるべきが故に急激なる負擔の增加を見ずして處理し得らるべく加之事業自から緩急あり克く市民の富力に鑑み財源を察し漸を以て施設經營の步を進め市民の急激なる負擔の增加は與ふ限り之を避くべきは論を俟たざる處に有之候以上の趣旨に依り別紙市規則改正の要項を相定め候條可然御參酌の上現行市規則を改正せられ度茲に市會の決議を經て及建議候也

市規則改正に關する要項

一、市規則第一條を左の如く改むること

市は官の監督を承け法令の範圍內に於て其公共事務及市に屬する事務を處理す

一、大連市會の議員三十名を三十六名に改むること
一、市會議員は日本人は民選とし支那人は官選とすること
一、日本人議員の定數は三十名とし一年以上市内に一戸を構へ獨立の生計を營む滿二十五歳以上の男子にして一年以來市費を分擔するものは市會議員の選擧權及被選擧權を有せしむること
一、支那人議員の定數は六名とし公議會に定員倍數の候補者を推薦せしめ其内より民政署長之を選任すること、但其候補者の資格は前項日本人に準ずること
一、選擧區は市内一圓とすること
一、市會に議長副議長を置くこと
一、市は負債償却の爲め永久の利益となるべき支出に充つる爲め又は天災事變等の爲め必要なる場合に限り市債を起すことを得べき條項を設くること
其他教育、衞生等に關する常設委員設置に關して、市會の決議を經て建議したのであるが、當局に於ても其必要を認めたる結果
一、大正八年一月二十九日府令第一號を以て、大連及旅順市規則中、第十四條の二、市は教育事務に關し常設委員を置くことを得、委員は名譽職とす市會に於て市會議員其他の者より之を選擧し民政署長の認可を受くべし
一、大正九年十二月九日廳令第七十七號を以て、市は教育事務に關する常設委員を置くことを得とあるを、教育及衞生とし、衞生事務に關しても常設委員を設くるを得と改む
一、大正十年十一月二十三日廳令第七十號を以て市會議員の定員を增加する事となり三十名を三十六名とし、大連市會議員定數中半數は別に定むる規程に依り之を選擧し、半數は其市内に居住し學識名望あるものにつき民政署長之を選

任す

一、大正十年十一月二十三日廳令第七十一號を以て大連市會議員選擧規則を制定し、本令は次期の總選擧より施行す

其他市の掌理すべき事務の範圍につき逐次に之を擴張し、高等女學校及商工學校の經營並に社會事業に關する施設經營をもなし得ることに市規則の改正が行はれたのである。尙ほこの機會に於て市制の根本的改正につき市制調査委員會規則を制定し、旅大兩市に於ける官民有識者を擧げて委員に任じ愼重調査研究する處があつた。該委員及委員囑託、委員會規則は次の如くである。

關東廳令第四十二號

市制調査委員會規則左ノ通定ム

大正八年九月五日　　關東長官　男爵　林　權　助

市制調査委員會規則

第一條　市制度調査ニ關スル事項ヲ審議スル爲關東廳ニ市制調査委員會ヲ置ク

第二條　市制調査委員會ハ市制度ニ付キ關東長官ノ諮問ニ應シ意見ヲ開申ス

第三條　市制調査委員會ハ委員長副委員長各一人及委員若干人ヲ以テ之ヲ組織ス

第四條　委員長ハ關東廳事務總長、副委員長ハ關東廳民政部地方課長ヲ以テ之ニ充テ委員ハ關東長官之ヲ命ス

第五條　委員長ハ會務ヲ總理シ其ノ決議ヲ關東長官ニ具申ス

第六條　副委員長ハ委員長ヲ補佐シ委員長事故アルトキ其ノ職務ヲ代理ス

第七條　市制調査委員會ニ幹事二人書記若干人ヲ置キ關東長官之ヲ命ス

幹事ハ委員長ノ命ヲ承ケ庶務ヲ掌理ス

書記ハ上司ノ命ヲ承ケ庶務ニ從事ス

附　則

本令ハ公布ノ日ヨリ之ヲ施行ス

市制調査委員

關東廳事務官　中野有光、同　田中千吉、同　永山善之助、同　小川順之助、同　西山　茂、警務官　稻葉俊太郎

參事官　今井俊彥、囑託　新谷清潔

市制調査委員囑託

中川健藏、石本鏆太郎、東畑英夫、木下　龍、米岡規雄、大來修治、陶雲山、郭學純、立川雲平、相生由太郎、宮田仁吉

市制調査幹事

小川順之助、新谷清潔

而してこの委員會は大正八年九月八日第一回を開き、次で十二、十五、二十六の三回に亘りて四回の會合に依り、當局の市制改正に關する左の諸問案につき審議したのである。諸問案は當時の參事官小川順之助氏の提案に屬し所謂小川案と稱せられたるものにして次の如くである。

一、現在の市の權限を擴張して敎育衞生は勿論其の他の性質上地方税支辨に屬する事業は總て市の管掌內に置き獨立なる自治團體となすこと

一、民選に係る市會を以て議決機關となし市の收入支出を議決すること尙市參事會を置き市會の委任の範圍內に於て收入支出を議し市有財產を管理し竝せて執行機關の會計事務を監督すること

一、現在民政署に屬する民政署長以下の官吏を以て市の執行機關とし市會の議決に基き豫算を執行し市の事業經營の任に當り竝せて委任の範圍內に於て國の事務を執行すること

一、現行官制を改正して大連民政署を廢し大連市廳を置き大連市街計畫に基き大連市を擴張し現に大連民政署管內の會屯は其の所管を他に移すこと

一、敎育、衞生、道路、上下水道、市區計畫等性質上地方稅支辨に屬する事業は總て大連市廳の管掌に移すこと但し水道第二期擴張は財源の都合に依り當分國の事業となすこと

一、市場、屠畜場、火葬場其の他の社會改良的施設は總て大連市廳に於て經營すること

一、電燈、電車は財源の都合に依り適當の時期に滿鐵より市廳に讓受くること

斯くて先づ現行市規則に對する大體の意見、市會の組織、市の權限、市の財政等を主題となし、次で諮問案を審議したるが、大體に於て原案に贊成するも、執行機關を官吏とするに關して反對意見少なからず、最後の會合に於て杉山委員長より、數回に亘って各委員の意見を聽取し得たるを謝し、この意見を參考として充分なる研究と、中央政府との諒解を得て極力速に市制度の改善を計ることを述べ、委員會は閉會されたのである。

第三章　關東州市制の施行

第一節　關東州市制の公布

大連全市民の久しく待望した市制は大正十三年五月二十三日附勅令第百三十號を以て關東州市制として公布せられ同年八月一日より之を實施せられた。大正四年九月都督府令を以て大連及旅順市規則が發布され新たに特別市制が大連に施行せられてから約九年の歳月を經過し、この間市規則の漸進的改正に依りて自治體の運用に訓練を經た結果であるも、又一面から見れば大連市の異常なる發達が內地の市制に準據し得るに至つた所以に外ならない。我が海外領地に於ける各重要都市が未だ內地の市制に基づく自治制度を實現せざるに拘はらず、獨り關東州に於て大連、旅順の兩市に斯ふした殆んど完全に近き市制度の施行を實現することは大連市民の光榮であると共に、その運用に關しては執行機關及決議機關は相互に協調して市政の發展を庶幾すべきであり、又た大連市をして滿蒙地方に於ける我が政治的、經濟的、文化的の實力を進展せしむる唯一の根據地、策源地となすべきものと云ふべきである。新市制の要點は

一、市の法人格を認めたること
二、市事務の制限を撤廢したること
三、市會議員の選出方法を改善したること
四、市會に議長及副議長を新に置きたること
五、市參事會を新設したること
六、市助役の選任方法を改め且任期を設けたること
七、收入役を新置したること

八、區委員を廢し區長及其代理者を置くことを得せしめたること
九、市の公益に關し市會に於て意見書を提出することを認めたること
一〇、市の起債權を認めたること
一一、市稅の强制徵收に關すること

等であつて市の事業に關しては一面市の財政狀態を考慮し漸を追ふて擴張を圖り市民負擔の急激なる增加を避くるの方針に出て、更に市の接壤地たる沙河口、嶺前屯會の一部をこの際市區域に編入されたのである。公布せられた關東州市制の全文は次の如く、同時に關東州市制施行規則、關東州市制施行に關する件も關東廳令として發布された。

關東州市制（大正十三年五月二十三日勅令第百三十號）

第一條　市ハ法人トス官ノ監督ヲ承ケ法令ノ範圍內ニ於テ其ノ公共事務及法律勅令ニ依リ市ニ屬スル事務ヲ處理ス

第二條　市ノ廢置、名稱及區域ニ關シテハ關東長官之ヲ定ム但シ市ノ廢止又ハ市ノ名稱若ハ境界ノ變更ノ場合ニ於テハ其ノ市ノ意見ヲ徵スルコトヲ要ス

第三條　市內ニ住所ヲ有スル者ハ其ノ市住民トス
市住民ハ本令ニ依リ市ノ財產及營造物ヲ共用スル權利ヲ有シ市ノ負擔ヲ分任スル義務ヲ負フ

第四條　市住民ニシテ左ノ要件ヲ具備スル者ハ市ノ選擧ニ參與シ市ノ名譽職ニ選擧セラルル權利ヲ有シ市ノ名譽職ヲ擔任スル義務ヲ負フ但シ貧困ノ爲公費ノ救助ヲ受ケタル後二年ヲ經サル者、禁治產者、準禁治產者及六年ノ懲役又ハ禁錮以上ノ刑ニ處セラレタル者ハ此ノ限リニ在ラス
一、帝國臣民タル男子ニシテ年齡二十五年以上ノ者
二、獨立生計ヲ營ム者

三、二年以來其ノ市住民タル者
四、二年以來其ノ市ノ直接市稅ヲ納ムル者
市ハ前項二年ノ制限ヲ特免スルコトヲ得
家督相續ニ依リ財產ヲ取得シタル者ニ付テハ其ノ財產ニ付被相續人ノ爲シタル納稅ヲ以テ其ノ者ノ爲シタル納稅ト看做ス
第五條　前條第一項ニ規定スルハ市住民其ノ要件ノ一ヲ闕キ又ハ同項但書ノ規定ニ該當スルニ至リタルトキハ同項ノ權利義務ヲ失フ
前條第一項ニ規定スル市住民市稅滯納處分ヲ受ケタルトキハ其ノ處分中同項ノ權利義務ヲ停止ス家資分散又ハ破產ノ宣告ヲ受ケタルトキハ其ノ確定シタル時ヨリ復權ノ決定確定スルニ至ル迄、六年未滿ノ懲役又ハ禁錮ノ刑ニ處セラレタルトキハ其ノ時ヨリ其ノ執行ヲ終リ若ハ其ノ執行ヲ受クルコトナキニ至ル迄亦同シ
陸海軍ノ現役ニ服スル者ハ市ノ公務ニ參與スルコトヲ得ス其ノ他ノ兵役ニ在ル者ニシテ戰時又ハ事變ニ際シ召集セラレタルトキ亦同シ
第六條　市ハ市住民ノ權利義務又ハ市ノ事務ニ關シ市規則ヲ設クルコトヲ得
市規則ハ一定ノ公告式ニ依リ之ヲ告示スヘシ
第七條　市會ハ關東長官ノ定ムル所ニ依リ選擧シタル市會議員及選任シタル市會議員ヲ以テ之ヲ組織ス
選任ニ依ル市會議員ノ定數ハ選擧ニ依ル市會議員ノ定數ノ四分ノ一ヲ超ユルコトヲ得ス
市會議員ノ定數ハ通シテ十六人以上四十四人以下ノ範圍內ニ於テ選擧ニ依ル者及選任ニ依ル者ニ付關東長官之ヲ定ム
市會議員ハ名譽職トス

市會議員ノ任期ハ四年トシ總選擧ノ日ヨリ之ヲ起算ス
第八條　第四號第一項ニ規定スル市住民ハ市會議員ノ選擧權ヲ有ス但シ第五條ノ規定ニ該當スル者ハ此ノ限ニアラス
第九條　選擧權ヲ有スル者ハ被選擧權ヲ有ス但シ左ノ各號ニ該當スル者及之ニ該當セサルニ至リタル後一月ヲ經過セサル者ハ此ノ限ニ在ラス
一　所屬民政署及關東廳ノ官吏及有給職員
二　其ノ市ノ有給吏員
三　檢察官及警察官吏
四　神職、僧侶其ノ他諸宗教師
五　小學校及公學堂職員
市長又ハ助役ト父子兄弟タル緣故アル者ハ市會議員ノ職ニ在ルコトヲ得ス
市ニ對シ請負ヲ爲ス者及其ノ支配人又ハ主トシテ同一ノ行爲ヲ爲ス法人ノ無限責任社員、役員及支配人ハ被選擧權ヲ有セス
前項ノ役員トハ取締役、監査役及之ニ準スヘキ者竝淸算人ヲ謂フ
第十條　市會ハ市ニ關スル事項及法律勅令ニ依リ其ノ權限ニ屬スル事項ヲ議決ス
市會ノ議決スヘキ事項ノ概目左ノ如シ
一　市規則ヲ設ケ又ハ改廢スルコト
二　歲入歲出豫算ヲ定ムルコト
三　決算報告ヲ認定スルコト

四　法令ニ定ムルモノヲ除クノ外使用料、手數料、市稅又ハ夫役現品ノ賦課徵收ニ關スルコト
五　不動產ノ取得、管理及處分ニ關スルコト
六　基本財產及積立金等ノ設置管理及處分ニ關スルコト
七　歲入歲出豫算ヲ以テ定ムルモノヲ除クノ外新ニ義務ノ負擔ヲ爲シ及權利ノ拋棄ヲ爲スコト
八　財產及營造物ノ管理方法ヲ定ムルコト但シ法令ニ規定アルモノハ此ノ限ニ在ラス
九　吏員ノ身元保證ニ關スルコト
十　市ニ係ル訴訟及和解ニ關スルコト

第十一條　市會ハ其ノ權限ニ屬スル事項ノ一部ヲ市參事會ニ委任スルコトヲ得

市會ハ市ノ事務ニ關スル書類及計算書ヲ檢閱シ市長ノ報告ヲ請求シテ事務ノ管理、議決ノ執行及出納ヲ檢査スルコトヲ得

市會ハ市ノ公益ニ關スル事項ニ付意見書ヲ市長又ハ監督官廳ニ提出スルコトヲ得

市會ハ行政廳ノ諮問アルトキハ意見ヲ答申スヘシ市會ノ意見ヲ徵シテ處分ヲ爲スヘキ場合ニ於テ市會成立セス、招集ニ應セス若ハ意見ヲ提出セス又ハ市會ヲ招集スルコト能ハサルトキハ當該行政廳ハ其ノ意見ヲ俟タスシテ直ニ處分ヲ爲スコトヲ得

第十二條　市會ハ議員中ヨリ議長及副議長一人ヲ選擧スヘシ

議長及副議長ノ任期ハ議員ノ任期ニ依ル

第十三條　市會ハ會議規則及傍聽人取締規則ヲ設クヘシ

會議規則ニハ本令及會議規則ニ違反シタル議員ニ對シ市會ノ議決ニ依リ三日以內出席ヲ停止シ又ハ五圓以下ノ過怠金

ヲ課スル規定ヲ設クルコトヲ得

第十四條　市ニ市參事會ヲ置キ左ノ職員ヲ以テ之ヲ組織ス

一　市　長

二　助　役

三　名譽職參事會員

名譽職參事會員ハ六人トシ市會ニ於テ市會議員中ヨリ之ヲ選擧スヘシ

名譽職參事會員ノ任期ハ市會議員ノ任期ニ依ル但シ市會議員ノ任期滿了ノ場合ニ於テハ後任名譽職參事會員選擧ノ日迄在任ス

市參事會ハ市長ヲ以テ議長トシ市長事故アルトキハ市長代理者之ヲ代理ス

第十五條　市參事會ノ職務權限左ノ如シ

一　市會ノ權限ニ屬スル事項ニシテ其ノ委任ヲ受ケタルモノヲ議決スルコト

二　市長ヨリ市會ニ提出スル議案ニ付市長ニ對シ意見ヲ述フルコト

三　其ノ他法令ニ依リ市參事會ノ權限ニ屬スル事項

第十一條第三項乃至第五項ノ規定ハ市參事會ニ之ヲ準用ス

第十六條　市ニ市長、助役一人及收入役一人ヲ置ク市長及助役ハ名譽職トス但シ市ハ市規則ヲ以テ之ヲ有給ト爲スコトヲ得

收入役ハ有給吏員トス

市長、助役收入役ノ任期ハ四年トス

第十七條　市長ハ市會ノ選擧推薦シタル市長候補者三人中ニ就キ關東長官之ヲ選任ス助役及收入役ハ市長ノ推薦ニ依リ市會之ヲ定メ市長職ニ在ラサルトキハ市會ニ於テ之ヲ選擧シ關東長官ノ認可ヲ受クヘシ

第十八條　市長ハ市ヲ統轄シ市ヲ代表ス

助役ハ市長ノ事務ヲ補助シ市長故障アルトキ之ヲ代理ス

收入役ハ市ノ出納其ノ他會計事務ヲ掌ル

第十九條　前數條ニ定ムル者ヲ除クノ外市ニ必要ナル吏員ヲ置クコトヲ得

第二十條　市長ハ吏員ヲ指揮監督シ之ニ對シ懲戒ヲ行フコトヲ得其ノ懲戒處分ハ譴責及二十五圓以下ノ過怠金トス

第二十一條　市會又ハ市參事會ノ議決又ハ選擧其ノ權限ヲ越エ又ハ法令若ハ會議規則ニ違反スト認ムルトキハ市長ハ其ノ意見ニ依リ又ハ監督官廳ノ指揮ニ依リ理由ヲ示シテ之ヲ再議ニ付シ又ハ再選擧ヲ行ハシムヘシ其ノ執行ヲ要スルモノニアリテハ之ヲ停止スヘシ

市會又ハ市參事會ノ議決公益ヲ害シ又ハ市ノ收支ニ關シ不適當ナリト認ムルトキ亦前項ニ同シ

監督官廳ハ前二項ノ議決又ハ第一項ノ選擧ヲ取消スコトヲ得

第二十二條　名譽職市長、名譽職助役、市會議員其ノ他ノ名譽職員ハ職務ノ爲要スル費用ノ辨償ヲ受クルコトヲ得

名譽職市長及名譽職助役ニハ費用辨償ノ外勤務ニ相當スル報酬ヲ給スルコトヲ得

有給吏員ニハ市規則ノ定ムル所ニ依リ退職給與金及死亡給與金ヲ給スルコトヲ得

第二十三條　收益ノ爲ニスル市ノ財産ハ基本財産トシテ之ヲ維持スヘシ

市ハ特定ノ目的ノ爲特別ノ基本財産ヲ設ケ又ハ積立金ヲ爲スコトヲ得

第二十四條　市ハ營造物ノ使用ニ付使用料ヲ徴收スルコトヲ得

市ハ特ニ一個人ノ爲ニスル事務ニ付手數料ヲ徵收スルコトヲ得

第二十五條　市ハ其ノ公益上必要アルトキハ寄附又ハ補助ヲナスコトヲ得

第二十六條　市ハ其ノ必要ナル費用及法律勅令ニ依リ市ノ負擔ニ屬スル費用ヲ支辨スル義務ヲ負フ

市ハ其ノ財産ヨリ生スル收入、使用料、手數料、過怠金其ノ他法令ニ依リ市ニ屬スル收入ヲ以テ前項ノ支出ニ充テ仍不足アルトキハ市稅及夫役現品ヲ賦課徵收スルコトヲ得

第二十七條　市稅、使用料及手數料ニ關スル事項ニ付テハ法令ヲ以テ定ムルモノヲ除クノ外市規則ヲ以ヲ之ヲ規定スヘシ

第二十八條　市稅其ノ他市ニ屬スル徵收金ハ國稅滯納處分ノ例ニ依リ之ヲ徵收スルコトヲ得

前項ノ徵收金ハ關東廳ノ徵收金ニ次テ先取特權ヲ有シ其ノ追徵、還付及時效ニ付テハ國稅ノ例ニ依ル

第二十九條　市ハ永久ノ利益トナルヘキ事業、舊債償還又ハ天災事變ノ爲必要アル場合ニ限リ市債ヲ起スコトヲ得

市長ハ豫算內ノ支出ヲ爲ス爲市參事會ノ議決ヲ經テ其ノ會計年度內ノ收入ヲ以テ償還スヘキ一時ノ借入金ヲ爲スコトヲ得

第三十條　市ハ每會計年度歲入歲出豫算ヲ調製スヘシ

市ノ會計年度ハ政府ノ會計年度ニ依ル

第三十一條　市ノ支拂金ノ時效ニ付テハ政府ノ支拂金ノ例ニ依ル

第三十二條　市ハ第一次ニ於テ民政署長、第二次ニ於テ關東長官之ヲ監督ス

監督官廳ハ市ノ監督上必要ナル命令ヲ發シ又ハ處分ヲナスコトヲ得

上級監督官廳ハ下級監督官廳ノ市ノ監督ニ關シテ發シタル命令又ハ爲シタル處分ヲ停止シ又ハ取消スコトヲ得

第三十三條　關東長官ハ市會ノ解散ヲ命スルコトヲ得
市會解散ノ場合ニ於テハ三月以內ニ議員ヲ選擧及選任スヘシ
第三十四條　市ニ於テ法律勅令ニ依リ負擔シ又ハ當該官廳ノ職權ニ依リ命スル費用ヲ豫算ニ載セサルトキ又ハ豫算中不適當ト認ムル費用アルトキハ民政署長ハ理由ヲ示シテ其ノ費用ヲ豫算ニ加ヘ又ハ削減スルコトヲ得
市長其ノ他ノ吏員其ノ執行スヘキ事項ヲ執行セサルトキハ民政署長又ハ其ノ委任ヲ受ケタル官吏之ヲ執行スルコトヲ得但シ其ノ費用ハ市ノ負擔トス
第三十五條　市長、助役又ハ收入役ニ故障アルトキハ監督官廳ハ吏員中ヨリ臨時代理者ヲ選任シ又ハ官吏ヲ派遣シ其ノ職務ヲ管掌セシムルコトヲ得但シ官吏ヲ派遣シタル場合ニ於テハ其ノ旅費ハ市費ヲ以テ之ヲ辨償セシム
第三十六條　民政署長ハ市長、助役、收入役其ノ他ノ吏員ニ對シ懲戒ヲ行フコトヲ得
其ノ懲戒處分ハ譴責五十圓以下ノ過怠金及解職トス但シ市長ニ對スル懲戒及其ノ他ノ吏員ニ對スル解職ニ付テハ關東長官ノ認可ヲ受クヘシ
民政署長ハ吏員ノ解職ヲ行ハムトスル前其ノ吏員ノ停職ヲ命スルコトヲ得其ノ停職期間手當又ハ給料ノ全部又ハ一部ヲ給セサルコトヲ得
懲戒ニ依リ解職セラレタル者ハ二年間市ノ公職ニ選擧セラレ又ハ任命セラルルコトヲ得ス
第三十七條　市ハ左ノ各號ノ事項ニ付テハ關東長官ノ認可ヲ受クヘシ
一　市規則ヲ設ケ又ハ改廢スルコト
二　市稅ノ稅目及課率ヲ定メ又ハ改廢スルコト
三　市債ヲ起シ竝起債ノ方法、利率及償還ノ方法ヲ定メ又ハ變更スルコト

第三十八條　市ハ左ノ各號ノ事項ニ付テハ民政署長ノ認可ヲ受クヘシ
一　不動産ノ取得、管理及處分ニ關スルコト
二　基本財産及積立金等ノ設置、管理及處分ニ關スルコト
三　使用料若ハ手數料ヲ徵シ又ハ其ノ額若ハ率ヲ變更スルコト
四　寄附又ハ補助ヲ爲スコト
五　第二十九條第二項ノ借入金ヲ爲シ竝借入ノ方法及利率ヲ定メ又ハ變更スルコト
第三十九條　監督官廳ノ認可ヲ要スル事項ニ付テハ監督官廳ハ認可申請ノ趣旨ニ反セスト認ムル範圍內ニ於テ更正シテ認可ヲ與フルコトヲ得
第四十條　本令ニ定ムルモノヲ除クノ外必要ナル事項ハ關東長官之ヲ定ム

附　則

本令施行ノ期日ハ關東長官之ヲ定ム
本令施行ノ際必要ナル事項ハ關東長官之ヲ定ム
本令ノ適用ニ付テハ明治十三年第三十六號布告刑法ノ重罪ノ刑ニ處セラレタル者ハ六年ノ懲役又ハ禁錮以上ノ刑ニ處セラレタル者ト看做ス

第二節　市政事務の擴張

大連市政事務は從來市規則に依り特に指定せられたものを掌理するに過ぎなかつたが、新市制に於ては其の制限を撤去して大體內地市制に準じて擴張さるゝこととなつた。公衆衛生に關する施設としては、衛生組合の事業を繼承し屎尿、塵

芥、汚泥の掃除及搬出、街路の掃除及撒水、清潔法施行の幇助等であり、教育事務の施設は、關東廳の經營する小學校及公學堂に對して市は官の施設以外に於て學齢兒童の就學督勵、授業料の徴收又は需用費及雜給、雜費等を負擔し、其他高等女學校、中學校、實業學校、協和實業學校を經營し、私立學校に對する補助金の支出をなし、又社會事業の施設としては、大正四年市規則實施以來、行路病人の救護及行路死亡人の取扱、貧民救助等に從事、更に大正十年九月職業紹介所を設置し、失業者及無職者に職業の紹介、授産、人事相談、宿泊保護等に關する施設を開始し、大正十一年度より市營住宅を建設し、又た市營質舗を營みつゝあつたが、大正十五年度より從來關東廳に於て經營せし公園、市場、屠場等を大連市に移管され市が直接經營することゝなつて、市政事務の擴張を見るに至つたのである。即ち大正十五年三月二十五日關東廳告示第四十二號を以て次の如く公布され、市事業移管條件が附加された。

大連市内當廳の施設に係る信濃町、山縣通、沙河口及小崗子市場、大連及沙河口火葬場、大連共同墓地、公設厠、西公園、大連屠場及街燈は大正十五年四月一日より之を大連市に移管す

市事業移管條件（大正十五年一月三十日關東廳指令第百二十一號付）

一、移管の結果公用廢止となるべき市場、屠獸場、火葬場及西公園の建物は之を無償讓渡し該敷地及墓地は官有土地貸付に關する規程の定むる所に依り無償貸付す但し其の事業の施設又は管理其の他に關し必要ありと認むる時は之が返還を命ずることあるべし

二、移管實施は大正十五年度よりとす

三、市場管理に關する規定を定め關東長官の認可を受くべし

四、信濃町市場には左の施設をなすべし

イ、關東州果樹業者團體のために果實貯藏及販賣の施設

ロ、關東州蔬菜栽培業者團體のために蔬菜貯藏及販賣の施設
ハ、果實及蔬菜羅市場の施設
五、市場の施設を變更し又は市場附屬地に新なる施設をなさんとする時は關東長官の認可を受くべし
六、屠獸場使用料は別紙調書に依り之を徵收すべし
七、屠獸場の施設改善に付ては別紙計畫案に基き三年以內に之を施行すべし
八、火葬場及基地の使用料は從來の料金に依り之を徵收すべし
九、公園の施設は別紙計畫案に基き之を施行すべし
一〇、公園の施設を變更（樹木の伐採を含む）し若は新に施設せんとする時は關東長官の認可を受くべし
一一、公園用地を轉貸し若は使用せしむることは之を禁ず但認可を受け一時使用せしむる場合は此限に非ず
一二、許可又は承認に依り現に公園用地を貸付し又は使用せしむるものにありては從前の通りとす但之が期限の更新等に付ては關東長官の認可を受くべし
一三、以上の外移管事業の經營に關し必要ありと認むる時は之が施設を命ずることあるべし

（別紙は之を略す）

斯くて移管事業經營のために、大連市は大正十五年三月三十一日附を以て大連市小賣場市場規則、大連市公園規則、大連市屠場規則、大連市火葬場規則、大連市共同墓地規則を發布してその施設に當り、更に中央卸賣市場に關しては調査研究の結果久しき懸案であつたが、昭和七年十月二十五日關東廳令第二十八號を以て關東州中央卸賣市場規則の發布となり大連市中央卸賣市場地區を大連市、西山會、周水子會、老虎灘會と定められたので同年十一月十九日市規則第三號にて大連市中央卸賣市場規則を制定公布し、玆に移管事業に伴ふ各般の施設を終へたのである。更に教育の施設には從來大連市

立實科高等女學校と稱せられたるを大連市立高等女學校と改稱したるが、更に昭和三年四月一日より大連彌生高等女學校と名稱を改めて內容を充實し、大正十年設立開校した大連市立商工學校は、全くその組織を改めて昭和七年四月一日より大連市立實業學校と改稱して其の本科を商業科及工業科に分ち學科目は文部省令の定むる商業學校竝工業學校の規程に依ることゝし、別に專修科を設け專ら實業に從事するものに須要なる知識、技能を授け德性を涵養するを目的として其施設を整備した。而して人口の增加と小學校卒業生の向學心增進に依りて旣設中等學校に收容し得ざる狀勢を示したので大連中學校を新設し昭和九年四月一日より授業を開始し、次で滿洲人に對し實業に關する須要近易なる知識技能を授くると共に勤勞を愛好するの習慣を育成し兼て德性の涵養に力むるを目的として、公學堂卒業者にして更に向學心に富めるものを收容敎育すべく、大連市立協和實業學校が設置せられ、昭和十年四月一日より開校した。又市制調査に關して市政調査委員を設置することゝなり大正十四年五月より實施したるが市場問題等の調査を終りたるを以て昭和二年六月之を廢止し更に昭和七年度に於て一箇年を限り市政擴充に關する調査のため新たに調査課を設置し期限內に撤廢した。次で商工業に關する事項、市場及物價調節に關する事項、產業に關する諸調査及統計に關する事項、市勢調査に關する事項、博覽會、共進會及品評會に關する事項、其他一般產業に關する事項等のために昭和八年十一月一日より產業課を增設し、大連市役所事務分掌に於て總務、學務、產業、社會、衞生、財務及會計課の各課を設けて市政事務の擴張に對して掌理することゝなつたのである。

第三節　隣接地編入と町名

大連特別市制實施の當時に於ける市の區域は舊大連市街、小崗子及寺兒溝一圓に過ぎなかつた。然るに大連市の發展は頗る著しきものがあり、人口の激增に依りて家屋の建設となりその住居は隣接地區にも及んだ、この結果大正十三年七月一日には沙河口會の沙河口、河東屯、臺山屯及西山屯會の一部、嶺前屯會の譚家屯一圓を大連市區域に編入し、更に同年七月三十日嶺前屯會の嶺前屯をも加へ、尙ほ昭和三年四月一日には西山會の臺山屯及黑礁屯の一部、老虎灘會寺兒溝屯を市區域に編入した。之がために大連市區域は非常に擴張せられ、舊大連市に隣接した地區は悉く大連市に編入さるゝことゝなり大大連の基礎が確立せられたのである。而してこの隣接地區の編入を機會として大連市の町名整理が行はれた。元來大連の町名は我軍占領當時命名されたもので、明治三十七年頃に次のやうな町名が唱へられてゐた。監部通、大山通、西通、山縣通、寺內通、兒玉町、乃木町、東鄕町、美濃町、飛彈町、武藏町、常陸町、吉野町、伊勢町、隱岐町、羽前町、磐城町信濃町、若狹町、近江町、越後町、播摩町、丹後町、淡路町、石見町、加賀町、紀伊町、浪速町、駿河町、長門町、敷島町等であつて主に當時出征したる陸海軍の司令官名義や、內地の國名に因みて名づけられたが、關東都督府建設以後に於ては漸次に大連市の地區劃を整理するに伴ひ町名をも告示を以て改正又は命名したのであつた。明治四十年十一月衞生組合委員の選擧に際しその區域を改正したる別表に依れば、羽後町、伊豆町、相模町、甲斐町、志摩町、山梨町、伊賀町、尾張町、和泉町、坂本町、周防町など現在にては既に消失せる町名もあり、明治三十八年十二月には元市外地の東南溝一帶を遊廓地に指定して逢坂町と名づけ、四十年十一月には露西亞町一帶を滿鐵からの請願に依りて北大山通、兒玉町、山城町、乃木町、濱町に改稱したが、更に大正十二年八月に至り舊大連、南山麓、北崗子方面の町名改正に依る地番整理が行はれ、十三年七月には聖德街、沙河口、譚家屯の町名改正、地番整理があり、老虎灘方面は大連郊外土地會社の經營地なるため會社にて適切な名稱を選びて民政署の許可を得た。斯くて文化住宅街南山麓の町名は柳町、櫻町、楓町、桂町、朝日町等と名づけられ、老虎灘方面は向陽臺、初音町、文化臺、光風臺、長春臺、晴明臺、鳴鶴臺、秀月臺、櫻花臺、靑雲臺、若松町、桃源臺、臥龍臺、平和臺等に名稱が付された。又小崗子方面は宏濟街、永樂街、福德街、平順街、其他大德、日新、同仁、德政、財神、長安、久壽、不老、長生、回春、泰山、王陽、福星、萬歲、永安などの文字が使用せられ聖德街は一丁目より五丁目までに區別し、沙河口は眞金町、白金町、黄金町、京町、仲町、巴町、元町、西町があり、譚家屯方面は水仙、菫、山吹、菖蒲、桔梗、白菊、早苗、千草、若菜、芝生、芙蓉、蔦、薄、上藤、下藤、上葭、下葭、上萩、下萩、上葵、下葵などと命名された。之ら町名及地番の整理に依りて、現に大連市區域内の町名は二〇七に區別されてゐる。

寺兒溝屯	東山	寺兒溝	汐見町	東山町	轉山	千代田町	山手町	埠頭	日出町
淺間町	香取町	大平町	寶町	鹿島町	三笠町	初瀨町	明治町	久方町	大江町
土佐町	山縣通	須摩町	龍田町	寺內通	彌生町	加賀町	紀伊町	淡路町	東公園町
朝日町	眞弓町	大和町	清水町	楓町	八坂町	桂町	楠町	櫻町	柳町
榊町	南山	濱町	乃木町	北大山通	兒玉町	山城町	入船町	飛彈町	敷島町
武藏町	東鄕町	松林町	常陸町	吉野町	監部通	奥町	大山通	浪速町	愛宕町
駿河町	伊勢町	信濃町	美濃町	佐渡町	磐城町	岩代町	西通	薩摩町	神明町
霧島町	播摩町	丹後町	天神町	但馬町	攝津町	近江町	越後町	三河町	若狹町
二葉町	西公園町	能登町	對馬町	壹岐町	加茂川町	八幡町	春日町	逢坂町	松風臺
向陽臺	櫻花臺	初音町	青雲臺	若松町	文化臺	光風臺	長春臺	晴明臺	桃源臺
臥龍臺	鳴鶴臺	平和臺	秀月臺	靜浦町	小波町	清見町	香月町	春陽臺	景山
仙山	常盤町	羽衣町	綠山	榮町	松山町	紅葉町	三室町	伏見町	錦町
博文町	千歲町	大黑町	惠比須町	長者町	橋立町	蓬萊町	富久町	尾上町	日吉町
雲集街	北關街	長安街	東關街	財神街	德政街	奉公街	久壽街	西崗街	同仁街
大龍街	平和街	宏濟街	得勝街	福德街	平順街	日新街	永樂街	新起街	北崗子
花園町	水仙町	菫町	山吹町	菖蒲町	桔梗町	白菊町	千草町	早苗町	若菜町
芝生町	芙蓉町	蔦町	薄町	上藤町	下藤町	上葭町	下葭町	上萩町	下萩町

上葵町　下葵町　河原町　磊野町　臺山町　大佛山　光明臺　白雲山　聖德街一丁目　聖德街二丁目
聖德街三丁目　聖德街四丁目　聖德街五丁目　不老街　長生街　回春街　臺山街　王陽街　福屋街　萬歲街
永安街　三春町　雲井町　秋月町　霞町　眞金町　白金町　黃金町　大正通　京町
仲町　巴町　元町　泉町　西町　臺山屯　黑礁屯

第四節　新市制と議決機關

新市制に依る市會の組織は、關東長官の定むる所によりて選擧したる市會議員及選任したる市會議員を以て組織し、その定員は四十名とし、内三十三人は民選であつて其市の住民たる日本人中被選擧權を有するものにつき選擧權者之を選擧し、他の七人は其市の住民中學識名望あるものにつき民政署長が選任するのであつて、現在は凡べて滿洲人中より之を官選してゐる。而して市會議員は名譽職とし任期は四年とし、市會に議長及副議長を置き市會に於て議員中より之を選擧し其任期は議員の任期に依ることゝした。特別市制が實施せらるゝや市會議員は半數を官選とし、他の半數は官選議員の復選としたのであるから、殆んど民選の意義を有しなかつたのであるが、次で議員の定員數を增加し半數を官選とし、他の半數を民選としたために稍や市會に對する民選議員の位置を確保したのであつたけれども尙ほ半數が官選議員たるを以て完全なる民意の代表機關と云ひ得なかつたのである。殊に特別市制當時は市長を以て市會議長を兼ねしむると同時に參事會制度も設けられず漸く敎育、衞生事務に關して常設委員を置き得るのみであつたが、新市制に依れば新たに市に參事會を置き、市長、助役及名譽職參事會員を以て之を組織し、名譽職參事會員はその定員を六人とし市會に於て市會議員中より之を選擧し、任期は市會議員の任期に依る。而して參事會の議長は市長を以てし市長事故ある時は市長代理者之を代理するのであつて、其職務權限は、市會の委任事項を議決し、市會に提出する議案を審査し、其他の法令に依り市參事會の權限に屬する事項等であつて大體內地の市制に準じてゐる。斯くて市會は市に關する事項及法律勅令に依り其の權限に屬する事項を議決するものにて、決議事項の概目を擧ぐれば次の如くである。
一、市規則を設け又は改廢すること
二、歳入歳出豫算を定むること
三、決算報告書を認定すること
四、法令に定むるものを除くの外使用料、手數料、市税又は夫役現品の賦課徴收に關すること
五、不動産の取得、管理及處分に關すること
六、基本財産及積立金の設置管理及處分に關すること
七、歳入歳出豫算を以て定むるものを除くの外新に義務の負擔をなし及權利の拋棄をなすこと
八、財産及營造物の管理方法を定むること但し法令に規定あるものは此限に非ず
九、吏員の身元保證に關すること
一〇、市に關する訴訟及和解に關すること
以上の外市に關する重要の事項等であるが、市會は市の公益に關する事項に付意見書を市長又は監督官廳に提出することを得、又た行政廳の諮問ある時は意見を答申すべく規程されたことは、新市制に於て市會の權能を認めたものゝ一端とも云ひ得べきである。

第五節　市政の助成機關

大連市政の圓滿なる運行を計るために各種の施設が必要とせらるゝのであるが、その執行、議決兩機關を整備擴大するは勿論、助成機關の設置に俟つものも少なくないのである。特別市制時代には。衛生。教育事務に關して常設委員を設け諮問機關としたが、新市制は、關東州市制施行規則に於て、その第五十條に市は臨時又は常設の委員を置くことを得、委

員は名譽職とし市會議員、名譽職參事會員又は市住民中より市長の推薦に依り市會之を定め、市長の指揮監督を承け財產又は營造物を管理し其他委託を受けたる市の事務を調査し又は之を處辨するものとし、委員長は市長又は其委任を受けたる助役を以て之に充て、常設委員會の組織に關しては市規則を以て別段の規定を設くることを得と定められてある。現に常設委員の部門は、學務、衞生、稅務、產業、社會事業、特別事業に分ち、臨時委員には臨時市場委員が設けられつゝある。又市政執行の補助機關として特別市制時代には大正四年十一月以降、大連市內を二十區、小崗子を四區に分ちて各區に區委員を任命し、次で區名を各町區に改稱して何れも區委員は市政の補助機關であつたが、新市制の施行に依りて、市制施行規則第四十九條の市は處務便宜のため區を劃し區長及其代理者一人を置くことを得、區長及代理者は名譽職とし市住民中より市長の推薦に依り市會之を定め、區長は市長の命を承け市長の事務にして區內に關するものを補助す、區長代理者は區長の事務を補助し區長故障ある時は之を代理すとあつて、その處理すべき事項は

一、區內の親睦を圖り市政の發達を助成すること
二、告示、公達にして特に必要と認むるもの其他市民に周知せしむべき事項を區內に傳達又は通報すること
三、區內居住者に對する市稅賦課の調査を補助し且つ納稅の奬勵をなすこと
四、衞生に關する事務を補助すること
五、篤行者の表彰に關する事務を補助すること
六、區內に於ける行路病者、窮民又は罹災者救護に關する事務を補助すること
七、祭典祝日又は公の吉凶に際し慶弔の方法を講ずること
八、其他市長の指示したる事項

等であつて區長は前條の事務を處理するために規約を設け又は必要と認むる時は協議員を置くことを得るのである。現在の大連市區は五十八區に分かたれてゐるが區劃の廢合は市街地の發展に伴なひ隨時之が行はれつゝある。

第四章　理事者及名譽職

第一節　市長、助役及收入役

關東都督府令を以て大連及旅順市規則は、大正四年十月一日をトして施行せられ大連市役所の開廳となつた。官選及復選議員の選任と同時に市會は成立し先づ市長候補者の選擧を行つたが、第一候補者石本鏆太郎、第二相生由太郎、第三石埼震二の三氏が當選し、關東都督は石本鏆太郎を大連市長に選任したのであつた。聯合町內會長として多年大連の公共事業に努力貢獻し、特別市制の制定に關しても極力盡瘁した功績に酬ひられたものと云はねばならぬ。在職四年大正八年九月三十日を以て任期滿了したるを以て、同年十月一日新たに成立したる大連市會は十月二日第二十四回市會を開き後任市長の選擧を行ひたるに、出席議員十五名、第一候補に石本鏆太郎、第二候補相生由太郎、第三候補川上賢三の三氏を選擧した。然るに今期の市會議員改選に際して官選されたる十五名中の大來修治、木下　龍、板谷丈夫、小澤太兵衞、齊藤鷲太郎の五名及復選十五名中の佐藤至誠、中村敏雄、福田顯四郞、岡田時太郎、原田光次郞の五名は何れも直ちに議員を辭任したるがために市政の前途に頗る不安なるものを生じ、市長候補者に推薦されたる石本鏆太郎氏も固く辭意を決して就任を肯んぜず、市會はその善後措置に關して再會したるも流會に終りたるを以て、市長代理高濱助役は第二十四回市會に於ける市長選擧の結果を民政署長に申告するの已むなきに至り、關東都督は大正八年十月三日附を以て石本鏆太郎を大連市長に選任したのであるが、日を經る三日間同月六日石本市長は辭任屆を提出した。斯ふした混亂期に於て市長選擧を行ふことは徒らに市政を紛糾に導くものとなし、助役高濱素をして市長代理たらしむること約一年二ケ月、大正九年十二月二十六日第三十四回市會に於て、出席者二十五名滿場一致を以て投票を用ひず村井啓太郎を第一市長候補者に推薦し、第二候補石本鏆太郎、第三候補川上賢三と決定し、同十二月三十一日村井啓太郎氏は關東都督より大連市長に選任された。十三年九月十八日村井市長は任期中に辭任したるを以て、同年十二月二十六日第九回市會に於て市長選擧を行ひ出席議員三十六名滿場一致を以て杉野耕三郞を第一候補者に、第二候補貝瀨謹吾、第三候補田中宇市郞の三氏を選擧し杉野耕三郞氏は大正十三年十二月二十七日關東長官より大連市長に選任された。昭和三年十二月二十六日任期滿了退任の後、助役小須賀政市は市長代理となり昭和四年三月七日第三十八回市會に於て出席議員三十七名に依りて市長選擧を行ひたる結果、第一候補者石本鏆太郞二十二票を以て當選し、第二候補牛島蒸、第三候補若月太郞の二氏を選擧して同二月十三日石本氏の市長就任を見たのである。然るに任期中辭任せしを以て昭和五年二月六日第四十四市會を開會し、市長後任として第一候補者に田中千吉、第二候補に牛島蒸、第三候補に若月太郞の三氏を詮衡委員の推薦に依り滿場一致にて可決し同年二月二十二日選任された。田中市長は昭和六年八月十四日任期中に辭任したるがために、同年十月二十二日第六十回市會に於て出席議員三十一名にて開會し、市長候補者は議長の指命に依る五名の詮衡委員を擧げ投票を用ひずして委員の選定に一任することを滿場一致可決し、第一候補者小川順之助、第二候補者矢野靜哉、第三候補者牛島蒸と決定して昭和六年十月二十六日小川順之助氏は關東長官より大連市長に選任され以て現在に至つてゐるのである。

市長就任及退任

就任	退任	摘要	氏名
大正 四、一〇、一一	大正 八、九、三〇	任期滿了	石本鏆太郞
大正 八、一〇、三	大正 八、一〇、六	再任セシモ辭任	石本鏆太郞
大正 九、一二、三一	大正一三、九、一八	任期中辭任	村井啓太郞
大正一三、一二、二七	昭和 三、一二、二六	任期滿了	杉野耕三郞
昭和 四、三、一三	昭和 五、二、三	任期中辭任	石本鏆太郞

昭和 五、二、二二	昭和 六、八、一四	任期中辭任	田中千吉
昭和 六、一〇、二六	在任中		小川順之助

助役及收入役に關しては、特別市制施行の當時に於ては助役に就任期間の任期なく、又收入役は之を設置せざりしが、大正十三年五月二十四日勅令第百三十號を以て公布された關東州市制に依り、助役一人及收入役一人を置き其任期を四年とすと定められた結果、從來在任したる助役は新市制に依りて組織したる市會に於て後任を決定するまで在任し得ることゝなり依然留任し、又收入役は新市制の實施後に於て市長は之を市會に諮り直ちに任命した、その助役及收入役の就任並に退任は次の如くである。

助役及收入役の就退任

區別	就任	退任	摘要	氏名
助役	大正 四、二、一七	大正一〇、一、六	任期ナク任意辭職	高濱素
同	大正一〇、五、二〇	大正一四、三、三一	任期中辭任	伊佐壽
同	大正一四、四、二一	昭和 四、四、二〇	任期滿了	小數賀政市
同	昭和 四、八、二四	昭和 五、四、一二	任期中辭任	瀨谷佐次郎
同	昭和 五、四、一九	昭和 六、一一、一〇	任期中辭任	永井準一郎
同	昭和 七、二、一	在任中		岡野勇
收入役	大正一四、四、二一	昭和 四、四、二〇	任期滿了	關東
同	昭和 四、八、七	昭和 八、八、七	任期滿了	近藤誠久
同	昭和 八、八、八	昭和 九、二、一三	再任シ任期中死亡	近藤誠久
同	昭和 九、三、二二	在任中		大岩峯吉

第二節　議長、副議長及參事會員

所謂特別市制實施時代に於ては、市會議長は市長を以て之に充つることに規定され、市長事故ある時は其の代理者議長の職務を行ふがために別に副議長を置くの制度はなかつた。併しながら市長が市會議長たることは、執行機關と決議機關とを混同するものであり、市政の運用と市會の議事進行上に少なからぬ不便を感じたのは事實である。從つて大正九年二月市會の決議により市規則改正に關する建議を提出するに際しても、市會に議長及副議長を置くことの一項を具陳したのであるが、關東州市制の實施せらるゝ迄は遂に議長及副議長を別に置くに至らなかつた。大正十三年十一月新市制に依る市會議員の選擧及選任後の市會に於て始めて議長及副議長の選擧を行つたのであつた。

議長及副議長就任者

區別	就任	退任	摘要	氏名
議長	大正一三、一一、一三	昭和　三、一〇、三一	改選期當選任期滿了	立川雲平
同	昭和　三、一一、　九	昭和　四、　五、二七	議員辭任のため失職	村田愨麿
同	昭和　四、　七、二九	昭和　五、一二、二二	補缺當選任期中辭任	恩田熊壽郎
同	昭和　六、　一、一七	昭和　七、一〇、三一	補缺當選任期滿了	大內成美
同	昭和　七、一一、一一	現任	改選期當選	大內成美
副議長	大正一三、一一、一三	昭和　二、　九、二五	改選期當選住所移轉のため議員資格失格に付失職	貝瀨謹吾
同	昭和　二、一〇、一二	昭和　三、一〇、三一	補缺當選任期滿了	大內成美
同	昭和　三、一一、　九	昭和　七、一〇、三一	改選期當選任期滿了	田中宇市郎
同	昭和　七、一一、一一	現任	改選期當選	若月太郎

市參事會員就任者

就任	退任	摘要	氏名
大正一三、一一、一三	昭和二、五、三	改選期當選任期中辭任	村田懿麿
同	同	同	龐睦堂
同	同	同	小田瑊
同	同	同	中島亮作
同	同	同	高塚源一
同	同	同	若月太郎
昭和二、五、七	昭和二、一〇、一二	補缺當選任期中辭任	大內成美
同	昭和三、一一、一〇	補缺當選任期滿了	內田鎮一
同	同	同	龐睦堂
同	同	同	內海安吉
同	同	同	朽內壬午郎
同	同	同	佐々木雄次郎
昭和二、一〇、一二	同	同	今村貫一
昭和三、一一、九	昭和五、一一、一一	改選期當選任期中辭任	龐睦堂
同	同	同	金井章次
同	同	同	笠原博

昭和　三、一一、　九	昭和　五、一一、一一	改選期當選任期中辭任	宮崎　愿一
同	同	同	牛島　蒸
同	同	同	仙波久艮
昭和　五、一一、二五	昭和　六、一二、　八	補缺當選任期中辭任	有馬　邊
同	同	同	龐　睦堂
同	同	同	高橋猪兎喜
同	同	同	高橋　仁一
同	同	同	相川米太郎
同	同	同	立石　保福
昭和　六、一二、一五	昭和　七、一一、一〇	補缺當選任期滿了	小野　實雄
同	同	同	佐多　彦美
同	同	同	三田芳之助
同	同	同	野本　謙治
同	同	同	芦刈　末喜
同	同	同	龐　睦堂
昭和　七、一一、　二	昭和　八、一二、二七	改選期當選任期中辭任	矢野　靜哉
同	同	同	蔦井　新助
同	同	同	龐　睦堂

同	同	同	志村徳造
同	同	同	西田猪之輔
同	同	同	恩田明
昭和八、一二、二七	昭和一〇、二、五	補缺當選任期中辭任	桑野彌一郎
同	同	同	森川莊吉
同	同	同	石川㒵三郎
同	同	同	古泉光男
同	同	同	千種峯藏
同	同	同	邵愼亭
昭和一〇、二、二六	現任	補缺當選	菅原恒男
同	同	同	高塚源一
同	同	同	邵愼亭
同	同	同	松浦開地㒵
同	同	同	龜澤福禎
同	同	同	森川莊吉

第三節　官選復選及民選議員

大正四年九月關東都督府令に依る大連及旅順市規則は十月一日を以て施行せられ直ちに市會議員の就任を見たのである

が定員數は三十名にして內十五名は民政署長の選任する官選であり、他の十五名は選任せられた議員の選擧に依りて之を民政署長が認可する所謂復選であつた。この官選及復選制度は、議員の任期を二箇年とし、大正十年十一月關東廳令を以て市規則を改正するまで繼續せられ、次で市會議員選擧規則が制定されて議員の定數を三十六名に增加し、半數は官選とし他の半數は大連市民の選擧所謂民選となつた。この始めての民選議員選擧は大正十一年一月行はれたのである。更に大正十三年八月勅令を以て發布されたる關東州市制が實施せらるゝや、議員の定數を四十名となし、內三十三名は市民の選擧に依り、他の七名は市住民中の學識名望ある者に就き民政署長が選任する官選であつて、現在にては全部滿洲國人から選任されてゐる。以上の變遷に依り就任した官選、復選及民選の市會議員は次の如くである。

市會議員

制度	期別	選出區分	就任 年月日	就任 理由	退任 年月日	退任 理由	氏名
大正四年九月關東都督府令第二十六號大連及旅順市規則ニ依ル定數三十名ノ內十五名ハ民政署長選任(官選)十五名ハ選任セラ	第一期	官選	大正四、一〇、一	本期新任	大正六、九、三〇	任期滿了	村井啓太郎
		同	同	同	同	同	安田錐藏
		同	同	同	大正四、一二、二五	辭任	岡本芳二郎
		同	大正四、一二、二六	岡本芳二郎補鈌	大正六、九、三〇	任期滿了	秋山清
		同	大正四、一〇、一	本期新任	同	同	郭學純
		同	同	同	同	同	牛作周
		同	同	同	大正四、一〇、一	辭任	石本鏆太郎
		同	同	石本鏆太郎補鈌	大正六、九、三〇	任期滿了	古澤丈作

レタル議員ノ選擧ニ依リ民政署長ノ認可ヲ受クル(複選)制度ニシテ任期ハ二年ナリ

自)大正四年十月一日至大正六年九

氏名	選任方法	就職年月日	摘要	退職年月日	退職事由
相生由太郎	同	同	本期新任	同	同
福田顯四郎	同	同	同	同	同
長濱猷介	同	同	同	大正五、六、二七	死亡
田邊猛雄	同	大正五、七、六	補長濱猷介缺	大正六、九、三〇	任期滿了
井上一男	同	大正四、一〇、一	本期新任	同	同
石埼震二	同	同	同	大正六、二、一〇	辭任
岩藤與十郎	同	大正六、二、二六	補石埼震二缺	大正六、九、三〇	任期滿了
古郡良介	同	大正四、一〇、一	本期新任	大正六、三、一五	死亡
有賀定吉	同	同	同	大正六、九、三〇	任期滿了
川上賢三	同	同	同	同	同
堀内驛三郎	同	同	同	同	同
飯塚松太郎	複選	同	同	同	同
佐藤至誠	同	同	同	同	同
値賀連	同	同	同	同	同
柴田虎太郎	同	同	同	同	同
板谷丈夫	同	同	同	大正五、一、一六	辭任
花岡千波	同	大正五、一、一七	補板谷丈夫缺	大正六、九、三〇	任期滿了
田中末雄	同	大正四、一〇、一	本期新任	同	同
吉野越次	同	同	同	同	同

月三十日)

復選	大正四、一〇、一	本期新任	大正六、九、三〇	任期滿了	九鬼榮助
同	同	同	同	同	遠藤裕太
同	同	同	同	同	平井大次郎
同	同	同	同	同	中村敏雄
同	同	同	同	同	原田虎太郎
同	同	同	大正六、九、二九	辭任	金子平吉
同	同	同	大正六、九、三〇	任期滿了	河邊勝
同	同	同	同	同	平田包定

第一期ニ同ジ

第二期(自大正

官選	大正六、一〇、一	本期新任	大正八、九、三〇	任期滿了	郭學純
同	同	同	同	同	牛作周
同	同	同	同	同	村井啓太郎
同	同	同	大正六、一〇、二二	辭任	安田錐藏
同	大正六、一〇、二三	補安田錐藏鈌	大正八、九、五	辭任	木下龍
同	大正六、一〇、一	本期新任	大正八、四、五	辭任	秋山清
同	大正八、四、一二	補秋山清鈌	大正八、九、三〇	任期滿了	田邊敏行
同	大正六、一〇、一	本期新任	同	同	田邊猛雄
同	同	同	同	同	川上賢三
同	同	同	同	同	値賀連
同	同	同	同	同	相生由太郎

六年十月一日至大正八年九月

同	同	同	同	同	福田顯四郎
同	同	同	同	同	佐藤至誠
同	同	同	同	同	河邊勝
同	同	同	同	同	中村敏雄
同	同	同	大正七、三、七	辭任	井上一男
同	大正七、一〇、一一	補井上一男缺	大正八、九、三〇	任期滿了	水津彌吉
同	大正六、一〇、一	本期新任	大正八、四、一四	辭任	野平道男
同	大正八、五、二九	補野平道男缺	大正八、九、三〇	任期滿了	安川和三郎
複選	大正六、一〇、一	本期新任	同	同	平井大次郎
同	同	同	同	同	岩藤與十郎
同	同	同	同	同	古澤丈作
同	同	同	同	同	原田虎太郎
同	同	同	同	同	遠藤裕太
同	同	同	大正七、九、二九	辭任	神成季吉
同	大正八、二、一四	補神成季吉缺	大正八、九、三〇	任期滿了	國政與三郎
同	大正六、一〇、一	本期新任	同	同	九鬼榮助
同	同	同	同	同	平田包定
同	同	同	大正七、七、三〇	辭任	吉野越次
同	大正七、八、三〇	補吉野越次缺	大正八、九、三〇	任期滿了	小島鉦太郎

三十日）

復選	大正六、一〇、一	本期新任	大正八、九、三〇	任期滿了	大庭仙三郎
同	同	同	大正七、八、二二	死亡	堀内驛三郎
同	大正七、八、三〇	補堀内驛三郎鈌	大正七、一〇、九	辭任	河合藤七
同	大正七、一〇、一一	補河合藤七鈌	大正八、九、三〇	任期滿了	阿部秀太郎
同	大正六、一〇、一	本期新任	同	同	有賀定吉
同	同	同	同	同	花岡千波
同	同	同	同	同	田中安之助
同	同	同	大正八、六、二四	辭任	河野龜治

第一期ニ同ジ但シ任期ニ關シテハ大正十年關東廳令第六十一號ヲ以テ大正十一年一月三十一日迄延期

第三期（自大正

官選	大正八、一〇、一	本期新任	大正一一、一、三一	任期滿了	石本鏆太郎
同	同	同	大正九、二、七	辭任	中川健藏
同	同	同	大正一一、一、三一	任期滿了	相生由太郎
同	同	同	大正八、一〇、二	辭任	大來修治
同	同	同	大正八、一〇、二一	同	木下龍
同	同	同	大正一一、一、三一	任期滿了	立川雲平
同	同	同	大正八、一〇、二	辭任	板谷丈夫
同	同	同	同	同	小澤太兵衛
同	同	同	大正一一、一、三一	任期滿了	新開貢
同	同	同	大正八、一〇、二	辭任	齊藤鷺太郎
同	同	同	大正一〇、一二、三一	失職	水津彌吉

八年十月一日至大正十一年一

同	同	同	大正一一、一、二一	辭任	長谷川作次
同	同	同	大正一一、一、三一	任期滿了	古澤丈作
同	同	同	同	同	郭學純
同	同	同	同	同	牛作周
同	大正八、一〇、一〇	補缺	同	同	田邊敏行
同	同	同	同	同	辻慶太郎
同	同	同	同	同	岩藤與十郎
同	同	同	大正九、四、二八	辭任	阿部秀太郎
同	大正九、二、一四	同	大正一一、一、三一	任期滿了	山西恒郎
同	同	同	同	同	吉田豐次郎
同	大正九、五、一九	同	同	同	平塚半治郎
復選	大正八、一〇、一	本期新任	大正一〇、三、二九	辭任	有賀定吉
同	同	同	大正八、一〇、二	同	佐藤至誠
同	同	同	大正一一、一、三一	任期滿了	小島鉦太郎
同	同	同	大正八、一〇、一	辭任	中村敏雄
同	同	同	大正八、一〇、二	同	福田顯四郎
同	同	同	大正一一、一、三一	任期滿了	國政與三郎
同	同	同	同	同	値賀連
同	同	同	同	同	安川和三郎

月三十一日）

復選	大正八、一〇、一	本期新任	大正八、一〇、一	辭任	岡田時太郎
同	同	同	大正一〇、三、二九	同	川上賢三
同	同	同	大正八、一〇、一	同	原田光次郎
同	同	同	大正一〇、三、三〇	同	大庭仙三郎
同	同	同	大正一一、一、三一	任滿滿了	横山信毅
同	同	同	同	同	古財治八
同	同	同	大正九、七、七	辭任	村田誠治
同	大正八、一〇、一六	補缺	大正一一、一、三一	任期滿了	坂井慶治
同	同	同	大正一〇、四、一	辭任	野津孝次郎
同	同	同	大正一〇、三、二八	同	平田包定
同	同	同	大正一一、一、三一	任期滿了	平井大次郎
同	同	同	大正一〇、三、二八	辭任	遠藤裕太
同	大正九、七、二〇	同	同	同	黑崎眞也
同	大正一〇、四、八	同	大正一〇、四、八	辭任	神成季吉
同	同	同	大正一一、一、三一	任期滿了	太田伊之助
同	同	同	同	同	上中治
同	同	同	同	同	千田次郎
同	同	同	同	同	村上龍太
同	同	同	同	同	田中剛輔

大連及旅順市規則改正ノ結果定數三十六名內半數ハ選擧規則ノ定ムル所ニ依リ選擧（民選）シ半數ハ市住民中學識名望アルモノニ就キ民政署長選任シ任期ハ二年ナルモ大正十三年關東廳令第三十號關東州市制施行ニ關スル件ノ規定ニ依リ新市制ノ下ニ市會ヲ組織スル迄在任セシメタリ

第四期（自大正十一年十二月一日

民選	大正一一、一二、一	本期新任	大正一三、一〇、三一	任期滿了	市川數造
同	同	同	同	同	今景彥
同	同	同	同	同	小野木孝治
同	同	同	大正一二、六、一〇	辭任	野津孝次郎
同	同	同	大正一二、四、二二	同	出原佃
同	同	同	大正一一、八、二八	同	石本鏆太郎
同	同	同	大正一三、一〇、三一	任期滿了	大內成美
同	同	同	同	同	今井行平
同	同	同	同	同	河邊勝
同	同	同	同	同	福井米次郎
同	同	同	同	同	今津十郎
同	同	同	同	同	古財治八
同	同	同	同	同	松內龜太郎
同	同	同	同	同	千田次郎
同	同	同	同	同	中四制剛
同	同	同	同	同	田中字市郎
同	同	同	同	同	上中治
同	同	同	同	同	村田愨麿
官選	同	同	同	同	原田猪八郎

至大正十三年十月三十一日）

官選	就任	本期新任	退任	事由	氏名
官選	大正一一、二、一	本期新任	大正一三、一〇、三一	任期滿了	田邊敏行
同	同	同	大正一一、八、二四	死亡	高野茂基
同	同	同	大正一三、一、二一	辭任	鶴見三三
同	同	同	大正一三、一〇、三一	任期滿了	中村敏雄
同	同	同	同	同	内田鎮一
同	同	同	大正一三、八、二	辭任	黑崎眞也
同	同	同	大正一三、五、	同	安川和三郎
同	同	同	大正一三、一〇、三一	任期滿了	福田顯四郎
同	同	同	同	同	遠藤裕太
同	同	同	同	同	相生由太郎
同	同	同	大正一一、九、一	辭任	有賀定吉
同	同	同	大正一三、一〇、三一	任期滿了	方得宜
同	同	同	同	同	張本政
同	同	同	同	同	劉仙洲
同	同	同	大正一二、一、一六	死亡	郭學純
同	同	同	大正一三、一〇、三一	任期滿了	傅立魚
同	同	同	同	同	牛作周
同	大正一一、九、二三	補缺	同	同	値賀連
同	同	同	同	同	小島鉦太郎

關東州市制及同施行規則ニ依ル議員定數四十名內三十三名ハ選擧(民選)七名ハ市住民中學識名望アル者ニ就キ民政署長選任(官選)任期四年

第五期關東州市制ニ依ル第一期

民選	大正一三、一一、一	本期新任	昭和三、一〇、三一	任期滿了	立川雲平
同	同	同	同	同	有馬邊
同	同	同	昭和二、三、二	辭任	岩田熊治郎
同	同	同	大正一五、六、二二	死亡	木村好太郎
同	同	同	昭和三、一〇、三一	任期滿了	小田娍
同	同	同	同	同	田中宇市郎
同	同	同	同	同	保野義郎
同	同	同	同	同	岡野勇
同	同	同	同	同	奥平廣敏
同	同	同	同	同	是枝定助
同	同	同	昭和二、一一、二八	辭任	田島豐次
同	同	同	昭和三、一〇、三一	任期滿了	高塚源一
同	同	同	昭和二、一〇、二二	失職	貝瀨謹吾
同	同	同	昭和三、一〇、三一	任期滿了	內海安吉
同	同	同	同	同	龜井寶一
同	同	同	同	同	若月太郎
同	同	同	同	同	小野實雄
同	同	同	同	同	加茂貞次郎
同	同	同	同	同	大內成美

自)大正十三年十一月一日至昭和三年十月

民選	大正一三、一一、一	本期新任	昭和三、一〇、三一	任期滿了	宮崎愿一
同	同	同	同	同	村田愨麿
同	同	同	同	同	中島亮作
同	同	同	同	同	副島善文
同	同	同	同	同	龜岡精二
同	同	同	同	同	佐々木雄次郎
同	同	同	同	同	黑田秀麿
同	同	同	同	同	齋藤鷲太郎
同	同	同	同	同	內田鎭一
同	同	同	同	同	今村貫一
同	同	同	同	同	中松國彦
同	同	同	大正一五、一〇、一五	辭任	久保通猷
同	同	同	昭和三、一〇、三一	任期滿了	向井龍造
同	同	同	大正一五、九、九	辭任	保々隆矣
同	昭和二、三、二五	補欠	昭和三、一〇、三一	任期滿了	竹田菅雄
同	同	同	同	同	栃內壬五郎
同	同	同	同	同	高橋仁一
同	同	同	同	同	寶性確成
官選	大正一三、一一、一	本期新任	同	同	李升海

三十一日）	同	同	同	同	同	邵慎亭
	同	同	同	大正一五、四、三	死亡	李子明
	同	同	同	昭和三、一〇、三一	任期滿了	麗睦堂
	同	同	同	昭和三、七、二八	辭任	傅立魚
	同	同	同	昭和三、一〇、三一	任期滿了	許萬亭
	同	同	同	同	同	曲子源
	同	大正一五、五、二	補缺	同	同	劉仙洲
前期ニ同ジ 第六期關東州市制ニ	民選	昭和三、一一、一	本期新任	昭和七、一〇、三一	任期滿了	高橋猪兎喜
	同	同	同	同	同	相川米太郎
	同	同	同	昭和四、三、六	死亡	井上高富
	同	同	同	昭和七、一〇、三一	任期滿了	三宅亮三郎
	同	同	同	昭和四、七、二九	辭任	河内山武雄
	同	同	同	昭和七、一〇、三一	任期滿了	三田芳之助
	同	同	同	同	同	牛島蒸
	同	同	同	同	同	田中字市郎
	同	同	同	同	同	高橋仁一
	同	同	同	昭和四、一〇、一六	死亡	副島善文
	同	同	同	昭和七、一〇、三一	任期滿了	笠原博
	同	同	同	昭和七、五、二三	辭任	金井章次

依ル第二期（自昭和三年十一月一日至昭和七

民選	昭和三、一一、一	本期新任	昭和五、三、三一	辭任	内海安吉
同	同	同	昭和七、一〇、三一	任期滿了	大内成美
同	同	同	同	同	立石保福
同	同	同	昭和六、八、二一	辭任	二村光三
同	同	同	昭和七、一〇、三一	任期滿了	若月太郎
同	同	同	同	同	今村貫一
同	同	同	同	同	大西正弘
同	同	同	同	同	岡本英敏
同	同	同	同	同	鈴木丈太郎
同	同	同	昭和七、三、九	死亡	恩田熊壽郎
同	同	同	昭和五、八、三一	辭任	佐藤恕一
同	同	同	昭和七、一〇、三一	任期滿了	野本謙治
同	同	同	同	同	佐多彦美
同	同	同	同	同	小野實雄
同	同	同	同	同	石本鑽太郎
同	同	同	同	同	仙波久良
同	同	同	同	同	蔦井新助
同	同	同	同	同	宮崎愿一
同	同	同	同	同	有馬邊

期	選任別	就任年月日	就任事由	退任年月日	現任・退任事由	氏名
年十月三十一日）	同	同	同	昭和四、五、二七	辭任	村田慤麿
	同	同	同	昭和七、一〇、三一	任期滿了	品田直知
	同	昭和五、九、二〇	補缺	同	同	芦刈末喜
	同	同	同	同	同	木原鐵之助
	同	同	同	同	同	熊谷直治
	同	同	同	同	同	高塚源一
	同	同	同	同	同	岡野勇
	同	同	同	同	同	矢野靜哉
	官選	昭和三、一一、一	本期新任	同	同	張本政
	同	同	同	同	同	龐睦堂
	同	同	同	同	同	邵愼亭
	同	同	同	同	同	曲子源
	同	同	同	同	同	劉仙洲
	同	同	同	昭和七、四、七	辭任	閻傳紱
	同	同	同	昭和七、一〇、三一	任期滿了	安慈民
第七期（前期ニ同ジ）	民選	昭和七、一一、一	本期新任		現任	志村德造
	同	同	同		同	西田猪之輔
	同	同	同		同	松浦開地艮
	同	同	同		同	森川莊吉

關東州市制ニ依ル第三期（自昭和七年十一月

民選	昭和七、一一、一	本期新任		現任	菅原恒男
同	同	同		同	一宮章
同	同	同		同	直塚芳夫
同	同	同	昭和九、九、一七	辭任	五十嵜正大
同	同	同		現任	千種峯藏
同	同	同		同	恩田明
同	同	同		同	石川艮三郎
同	同	同		同	大內成美
同	同	同		同	三田芳之助
同	同	同		同	立石保福
同	同	同		同	龜澤福禎
同	同	同		同	相川米太郎
同	同	同		同	有馬邊
同	同	同		同	古泉光男
同	同	同		同	芦刈末喜
同	同	同		同	高塚源一
同	同	同		同	山口十助
同	同	同		同	高橋猪兎喜
同	同	同		同	今村貫一

一日至昭和十一年十月三十一日）

矢野靜哉	同	同	同		同
熊谷直治	同	同	同		同
上原進	同	同	同		同
田中宇市郎	同	同	同		同
若月太郎	同	同	同		同
桑野彌一郎	同	同	同		同
蔦井新助	同	同	同		同
小野實雄	同	同	同		同
笠原博	同	同	同		同
石本鏆太郎	同	同	同	昭和八、一二、三〇	死亡
張本政	官選	同	同		現任
龐睦堂	同	同	同		同
邵愼亭	同	同	同		同
劉仙洲	同	同	同		同
許億年	同	同	同		同
黄信之	同	同	同		同
周子揚	同	同	同		同

第四節　區委員、區長及代理者

特別市制時代には市政執行の補助機關として、區委員を設けたるも、關東州市制の實施により區委員制度を廢して新たに區長及區長代理者を置くことゝなつた。市制創始以來の就任者は左の如くである。

區委員（第一期）

區名	氏名	就任年月日	就任理由	退任年月日	退任理由	摘要
第一區	大庭仙三郎	大正四、一一、一七	新任	大正六、一〇、五	辭任	
	濱竹松	六、一〇、三〇	補缺	七、八、二一	區劃及名稱改正ニ付失職（A）	
第二區	河合藤七	四、一一、一七	新任	五、三、一	辭任	
	小島鉦太郎	五、五、一八	補缺	七、八、二一	A	
第三區	花岡千波	四、一一、一七	新任	五、一、一八	辭任	
	柳原又熊	五、五、一八	補缺	六、九、二〇	辭任	
	長谷川辰次郎	六、一〇、三〇	補缺	七、八、二一	A	
第四區	山内昌一	四、一一、一七	新任	七、八、二一	A	
第五區	峰五郎	四、一一、一七	新任	七、六、一	辭任	

	河井宇多吉	七、六、一四	補缺	七、八、二一	A
第六區	西田好藏	四、一一、一七	新任	七、八、二一	A
第七區	鳥羽眞作	四、一一、一七	新任	五、一〇、	辭任
	村崎輝三	五、一一、七	補缺	五、一一、一三	辭任
第八區	渡邊精吉郎	四、一一、一七	新任	六、五、	辭任
	田中安之助	六、五、一六	補缺	六、一〇、	辭任
	平岡與平治	六、一〇、三〇	補缺	七、八、二一	A
第九區	高田友吉	四、一一、一七	新任	五、一、八	辭任
	矢野健次郎	五、一、一七	補缺	五、一、一九	辭任
	菊池音之助	五、五、一八	補缺	六、九、二八	辭任
	坂井慶治	六、一〇、三〇	補缺	六、一〇、二七	辭任
	川北築太郎	七、二、二八	補缺	七、四、三〇	辭任
	中村宗二郎	七、六、四	補缺	七、八、二一	A
第十區	新開貢	四、一一、一七	新任	七、八、二一	A
第十一區	早野重右衞門	四、一一、一七	新任	六、六、六	辭任
	三宅如平	六、八、二〇	補缺	七、八、二一	A

第十二區	土橋義助	大正四、一一、一七	新任	大正五、八、二一	辭任
	松內龜太郎	五、一一、七	補缺	七、八、二一	A
第十三區	太田信三	四、一一、一七	新任	七、八、二一	A
第十四區	小數賀政市	四、一一、一七	新任	七、八、二一	A
第十五區	上中治	四、一一、一七	新任	五、八、	辭任
	國政與三郎	五、八、一九	補缺	七、八、二一	A
第十六區	今中艮	四、一一、一七	新任	七、八、二一	A
第十七區	萬玉惣太郎	四、一一、一七	新任	五、一、一八	辭任
	村山瀧三郎	五、五、一八	補缺	七、八、二一	A
第十八區	中村楢次郎	四、一一、一七	新任	七、八、二一	A
第十九區	佐治大助	四、一一、一七	新任	七、八、二一	A
第二十區	宗像計太郎	四、一一、一七	新任	七、八、二一	A
小崗子東區	閻家盛	四、一一、一七	新任	七、八、二一	A
小崗子西區	陳益三	四、一一、一七	新任	七、八、二一	A

小崗子南區	村上龍太	大正四、一一、一七	新任	大正七、八、二一	A
小崗子北區	徐瑞蘭	四、一一、一七	新任	七、八、二一	A

區委員（第二期 第三期） 大正七年八月二十一日區劃及名稱改正

區名	期別	氏名	就任 年月日	就任 理由	退任 年月日	退任 理由	摘要
東部町區	二	織田信昭	大正七、八、三〇	新任	大正七、九、	辭任	
	二	戸田兼吉	七、九、一二	補缺	九、八、二九	任期滿了	
	三	戸田兼吉	九、九、二	任期改選	一〇、三、	死亡	
	三	岡田徹平	一〇、六、一〇	補缺	一一、九、一	任期滿了	
山縣通區	二	小島鉦太郎	七、八、三〇	新任	九、八、二九	任期滿了	
	三	小島鉦太郎	九、九、二	任期改選	一一、九、一	同	
紀淡町區	二	丘龔二	七、八、三〇	新任	七、九、一三	辭任	
	二	小澤太兵衛	七、一二、二一	補缺	九、八、二九	任期滿了	
	三	小澤太兵衛	九、九、二	任期改選	一一、九、一	同	

霧島町區	二	野澤孝次郎	大正七、八、三〇	新任	大正九、八、二九	任期滿了
	三	長谷川辰次郎	九、九、二	改任期選任	一一、九、一	同
近江町區	二	山內昌一	七、八、三〇	新任	八、三、	辭任
		畠山六之助	八、三、二七	補缺	九、八、二九	任期滿了
	三	畠山六之助	九、九、二	改任期選任	一〇、三、七	辭任
		矢野國次	一〇、六、一〇	補缺	一一、九、一	任期滿了
若狹町區（南區ト改稱）	二	橫山信毅	七、八、三〇	新任	八、一二、一〇	辭任
		峯五郎	九、二、一九	補缺	九、三、二七	同
		玉置竹次郎	九、六、一	同	九、八、二九	任期滿了
	三	間原德太郎	九、九、二	改任期選任	九、一一、一八	辭任
		是枝定助	一〇、一、二八	補缺	一一、九、一	任期滿了
逢坂町區	二	西田好藏	七、八、三〇	新任	九、八、二九	任期滿了
	三	西田好藏	九、九、二	改任期選任	一一、九、一	同
越後町區	二	澤田賢太	七、八、三〇	新任	九、八、二九	任期滿了
	三	澤田賢太	九、九、二	改任期選任	一一、九、一	同

但馬町區（西廣場區ト改稱）	二	今津十郎	大正七、八、三〇	新任	大正九、八、二九	任期滿了
	三	今津十郎	九、九、二	改任期選任	一一、九、一	同
西公園町區	二	平岡與平次	七、八、三〇	新任	九、八、二九	任期滿了
	三	鈴木新五郎	九、九、二	改任期選任	一一、九、一	同
中央區	二	中村宗二郎	七、八、三〇	新任	九、八、二九	任期滿了
	三	中村宗二郎	九、九、二	改任期選任	一一、九、一	同
磐代町區	二	新開貢	七、八、三〇	新任	九、八、二九	任期滿了
	三	新開貢	九、九、二	改任期選任	一一、九、一	同
信濃町區	二	三宅如平	七、八、三〇	新任	九、八、二九	任期滿了
	三	池羽如平（舊性三宅）	九、九、二	改任期選任	一一、九、一	同
信濃町市場區	二	山本國平	七、八、三〇	新任	九、八、二九	任期滿了
	三	山本國平	九、九、二	改任期選任	一一、九、一	同
美濃町區	二	早野重右衛門	七、八、三〇	新任	九、八、二九	任期滿了

	三	早野重右衛門	大正九、九、二	改任期選任	大正一一、八、二三	辭任
伊勢町區	二	松内龜太郎	七、八、三〇	新任	九、八、二九	任期滿了
	三	松内龜太郎	九、九、二	改任期選任	一一、九、一	同
大山通區	二	太田伊之助	七、八、三〇	新任	九、八、二九	任期滿了
	三	太田伊之助	九、九、二	改任期選任	一一、九、一	同
日本橋區	二	小數賀政市	七、八、三〇	新任	九、八、二九	任期滿了
	三	小數賀政市	九、九、二	改任期選任	一一、九、一	同
吉野町區	二	國政與三郎	七、八、三〇	新任	九、八、二九	任期滿了
	三	國政與三郎	九、九、二	改任期選任	九、九、二五	辭任
		岡田鐵之助	一〇、一、二八	補缺	一一、九、一	任期滿了
兩羽區	二	藤井三郎	七、八、三〇	新任	七、九、	辭任
		北原喜市	七、一二、二一	補缺	九、八、二九	任期滿了
	三	北原喜市	九、九、二	改任期選任	九、一〇、一七	辭任
		日高藤吉	一〇、一、二八	補缺	一一、九、一	任期滿了

浪速町一區	二	青山梅次郎	大正七、八、三〇	新任	大正九、八、二九	任期滿了
	三	青山梅次郎	九、九、二	任期改選	一〇、	死亡
浪速町二區	二	岸　胖	七、八、三〇	新任	八、一、一六	辭任
		赤松常吉	八、一、二一	補缺	九、八、二九	任期滿了
	三	赤松常吉	九、九、二	任期改選	一一、九、一	同
浪速町三區	二	井上伊次郎	七、八、三〇	新任	九、八、二九	任期滿了
	三	今中　亘	九、九、二	任期改選	一一、九、一	同
浪速町・四區	二	加藤吉五郎	七、八、三〇	新任	九、八、二九	任期滿了
	三	加藤吉五郎	九、九、二	任期改選	一一、九、一	同
常飛區	二	板谷丈夫	七、八、三〇	新任	七、九、七	辭任
		黑田伊平	七、九、一二	補缺	九、八、二九	任期滿了
	三	黑田伊平	九、九、二	任期改選	一一、九、一	同
常盤町區	二	中村伊勢馬	七、八、三〇	新任	九、八、二九	任期滿了
	三	中村伊勢馬	九、九、二	任期改選	一一、九、一	同

監部通區	二	中村楢次郎	大正七、八、三〇	新任	大正九、八、二九	任期滿了
	三	中村楢次郎	九、九、二	改任期選任	一一、九、一	同
埠頭區	二	市川數造	七、八、三〇	新任	八、五、二九	辭任
		小澤宣義	八、六、一二	補缺	九、六、	同
		森下知次郎	九、七、二	同	九、八、二九	任期滿了
	三	森下知次郎	九、九、二	改任期選任	一〇、四、六	辭任
		穗刈十一郎	一〇、六、一〇	補缺	一一、九、一	任期滿了
伏見臺區	二	宗像計太郎	七、八、三〇	新任	九、八、二九	任期滿了
	三	宗像計太郎	九、九、二	改任期選任	一〇、四、二〇	辭任
		間瀨增吉	一〇、六、一〇	補缺	一一、九、一	任期滿了
嵓東町區	二	閻家盛	七、八、三〇	新任	八、一二、	辭任
		朱春山	九、二、一九	補缺	九、八、二九	任期滿了
	三	朱春山	九、九、二	改任期選任	一一、九、一	同
嵓西町區	二	陳益三	七、八、三〇	新任	九、八、二九	任期滿了
	三	陳益三	九、九、二	改任期選任	一一、九、一	同

崗南町區	二	村上龍太	大正七、八、三〇	新任	大正九、八、二九	任期滿了
	三	村上龍太	九、九、二	改任期選任	一一、九、一	同
崗北町區	二	徐瑞蘭	七、八、三〇	新任	九、八、二九	任期滿了
	三	徐瑞蘭	九、九、二	改任期選任	一一、九、一	同

區委員（第四期）大正十一年九月區劃一部變更

區名	氏名	就任 年月日	就任 理由	退任 年月日	退任 理由	摘要
千代田町區	岡田徹平	大正一一、九、二三	改任期選任	大正一三、八、一	市制改正ニ付失職（A）	
山縣通區	小島鉦太郎	一一、九、二三	同	一三、八、一	A	
紀淡町區	小澤太兵衛	一一、九、二三	同	一三、八、一	A	
薩摩町區	小平修二	一一、九、二三	同	一一、九、二八	辭任	
	藤田秀助	一三、四、二八	補缺	一三、八、一	A	
霧島町區	長谷川辰次郎	一一、九、二三	改任期選任	一三、八、一	A	

近江町區	加藤友治	大正一一、九、二三	改任期選任		辭任	
	堤浄祐	一三、四、二八	補缺	大正一三、八、一	A	
南山區	野中時雄	一一、九、二三	改任期選任	一一、一二、一	辭任	
	野村稔人	一三、四、二八	補缺	一三、八、一	A	
若狹町區	是枝定助	一一、九、二三	改任期選任	一三、八、一	A	
春日町區	落合周市	一一、九、二三	同	一三、八、一	A	
逢坂町區	西田好藏	一一、九、二三	同	一三、八、一	A	
越後町區	澤田賢太	一一、九、二三	同	一三、八、一	A	
西廣場區	今津十郎	一一、九、二三	同	一三、八、一	A	
西公園町區	鈴木新五郎	一一、九、二三	同	一三、八、一	A	
西通區	松田清三郎	一一、九、二三	同	一三、八、一	A	
磐代町區	新開貢	一一、九、二三	同			
信濃町區	池羽如平	一一、九、二三	同	一三、八、一	A	
信濃町市場區	山本國平	一一、九、二三	同	一三、八、一	A	

美濃町區	武田正吉	大正一一、九、二三	同	大正一三、八、一	A
伊勢町區	野村宗	一一、九、二三	同	一三、八、一	A
大山通區	安西卯三郎	一一、九、二三	同	一三、八、一	A
日本橋區	小數賀政市	一一、九、二三	同	一二、九、三	辭任
	有馬邊	一三、四、二八	補缺	一三、八、一	A
濱町區	行谷藤吉	一一、九、二三	改任期選任	一一、一二、一五	辭任
	佐藤直記	一三、四、二八	補缺	一三、八、一	A
吉野町區	今村貫一	一一、九、二三	改任期選任	一三、八、一	A
浜速町一區	山崎淸吉	一一、九、二三	同	一三、八、一	A
浜速町二區	赤松常吉	一一、九、二三	同	一三、八、一	A
浜速町三區	今中艮	一一、九、二三	同	一三、八、一	A
浜速町四區	袋布要太郎	一一、九、二三	同	一三、八、一	A
北部町區	黑田伊平	一一、九、二三	同	一三、八、一	A
監部通區	中村楢次郎	一一、九、二三	同	一三、八、一	A

埠頭區	穗刈十一郎	大正一一、九、二三	改任期選任	大正一三、八、一	A	
松山臺區	兒島幸吉	一一、九、二三	同	一三、八、一	A	
東伏見臺區	國平藤九郎	一一、九、二三	同	一三、八、一	A	
西伏見臺區	間瀨增吉	一一、九、二三	同	一三、八、一	A	
崗東町區	朱春山	一一、九、二三	同	一三、八、一	A	
崗西町區	王省三	一一、九、二三	同	一三、八、一	A	
崗南町區	村上龍太	一一、九、二三	同	一三、八、一	A	
崗北町區	徐瑞蘭	一一、九、二三	同	一三、八、一	A	

區長（大正十三年市制改正後ノ分）

區名	期別	氏名	就任 年月日	就任 理由	退任 年月日	退任 理由	摘要
寺見溝區	一	恩田熊壽郎	大正一四、四、七	新任	昭和三、一一、九	辭任	
	二	北田松次郎	昭和四、五、二〇	改任期選任	八、六、一四	任期滿了	任期滿了後後任者決定迄在任スベキ處昭和八年六月十四日區長設置規程中別表改正ニ付自然失職（A）

	三	恩田明	八、六、二〇	同			
日出町區	一	市川春太	大正一四、四、七	新任	一四、一一、二五	辭任	
		小田島興三	一五、一一、一	補缺	昭和三、九、一二	同	
		脇屋次郎	昭和三、一〇、一八	同	四、五、一九	任期滿了	
	二	脇屋次郎	四、五、二〇	改任期選任	八、六、一四	任期滿了	(A)
	三	脇屋次郎	八、六、二〇	同			
明治町區 大正一四、七、二〇區長設置規程中改正ニ依リ新設	一	宮城豐彥	大正一四、九、一六	新任	一五、八、二八	辭任	
		上片平直輔	一五、一一、一	補缺	昭和二、七、二五	同	
		野木和一郎	昭和二、一一、四	同	四、五、一九	任期滿了	
	二	高橋利吉	四、五、二〇	改任期選任	六、一二、四	辭任	
		新納謙吾	六、一二、一五	補缺	八、六、一四	任期滿了	(A)
	三	新納謙吾	八、六、二〇	改任期選任			
千代田町區	一	岡田徹平	大正一四、四、七	新任	一四、七、二〇	失職	區長設置規程中改正ニ依リ區劃ヲ變更シタルニ因ル
		衞一臣	一四、九、一六	補缺	昭和四、五、一九	任期滿了	
	二	衞一臣	昭和四、五、二〇	改任期選任	八、六、一四	同	(A)

區		氏名	就任年月日	事由	退任年月日	事由	備考
	三	郭子珍	八、六、二〇	改任期選任			
南山區	一	勝俣喜十郎	大正一四、四、七	新任	昭和四、五、一九	任期滿了	
	二	小笠原辰次郎	昭和四、五、二〇	改任期選任	六、六、三〇	辭任	(A)
		松尾利作	六、一〇、二三	補缺	八、六、一四	任期滿了	
	三	松尾利作	八、六、二〇	改任期選任	九、一、一三	死亡	
		澤田保嘉次郎	九、三、七	補缺			
近江町區	一	藤次清二	大正一四、四、七	新任	一五、三、二九	辭任	
		藤田桂三郎	一五、一一、一	補缺	昭和二、四、八	同	
		塚瀬錦之助	昭和二、五、三	同	四、五、一九	任期滿了	
	二	塚瀬錦之助	四、五、二〇	改任期選任	五、三、二二	辭任	(A)
		河野憲	五、五、六	補缺	八、六、一四	任期滿了	
	三	河野憲	八、六、二〇	改任期選任			
霧島町區	一	長谷川辰次郎	大正一四、四、七	新任	昭和三、一一、三	死亡	
	二	榊谷仙次郎	昭和四、五、二〇	改任期選任	八、六、一四	任滿期了	(A)
	三	栗木榮太郎	八、六、二〇	同			

薩摩町區	一	藤田秀助	大正一四、四、七	新任	昭和四、五、一九	任期滿了	
	二	藤沼誠一郎	昭和四、五、二〇	改任期選任	六、五、一五	辭任	
		藤田秀助	六、七、一三	補鈌	八、六、一四	任期滿了	(A)
	三	藤田秀助	八、六、二〇	改任期選任			
山縣通區	一	小島鉦太郎	大正一四、四、七	新任	昭和四、五、一九	任期滿了	
	二	小島鉦太郎	昭和四、五、二〇	改任期選任	八、六、一四	同	(A)
	三	小島鉦太郎	八、六、二〇	同			
紀淡町區	一	小澤太兵衛	大正一四、四、七	新任	昭和四、五、一九	任期滿了	
	二	小澤太兵衛	昭和四、五、二〇	改任期選任	八、六、一四	同	(A)
	三	小澤太兵衛	八、六、二〇	同			
埠頭區	一	穗刈十一郎	大正一四、四、七	新任	昭和二、一二、二〇	失職	市外轉出
		中富清美	昭和三、五、八	補鈌	四、五、一九	任期滿了	
	二	渡邊正太郎	四、五、二〇	改任期選任	七、四、六	失職	市外轉出
		隅田虎二郎	七、四、一九	補鈌	八、六、一四	任期滿了	(A)

	三	藤津秀市	八、六、二〇	改任期選任			
濱町區	一	鈴木邦武	大正一四、四、七	新任	一四、四、二七	辭任	
		宮川嘉門	一四、九、一六	補缺	一五、一〇、一三	同	
		佐藤榮次郎	一五、一一、一	同	昭和三、四、一一	同	
		岩淵次三	昭和三、五、八	同	四、五、一九	任期滿了	
	二	片川榮次郎	四、五、二〇	改任期選任	四、五、二三	辭任	
		伊藤初藏	四、一一、二	補缺	八、六、一四	任期滿了	（A）
	三	伊藤初藏	八、六、二〇	改任期選任			
日本橋區	一	小數賀政市	大正一四、四、七	新任	一四、五、二	辭任	
		中村長吉	一四、九、一六	補缺	昭和四、五、一九	任期滿了	
	二	吳石櫨一	昭和四、五、二〇	改任期選任	四、八、一一	辭任	
		草場又一	四、一一、二	補缺	五、三、二四	同	
		中村立夫	五、五、六	同	六、二、二七	同	
		千田保太郎	六、三、九	同	八、六、一四	任期滿了	（A）
	三	千田保太郎	八、六、二〇	改任期選任			
北部町區	一	黑田伊平	大正一四、四、七	新任	一五、四、五	辭任	

		栗原百松	一五、一一、一	補缺	昭和四、五、一九	任期滿了	
	二	栗原百松	昭和四、五、二〇	改任期選任	八、六、一四	同	(A)
	三	栗原百松	八、六、二〇	同			
監部通區	一	中村楢次郎	大正一四、四、七	新任	四、五、一九	任期滿了	
	二	石田榮造	昭和四、五、二〇	改任期選任	八、六、一四	同	(A)
	三	石田榮造	八、六、二〇	同			
浪速町第一區 昭和八、六、一四浪速町一區ヲ改稱	一	山崎清吉	大正一四、四、七	新任	昭和四、五、一九	任期滿了	
	二	山崎清吉	昭和四、五、二〇	改任期選任	八、六、一四	同	(A)
	三	山崎清吉	八、六、二〇	同			
浪速町第二區 昭和八、六、一四浪速町二區ヲ改稱	一	赤松常吉	大正一四、四、七	新任	昭和四、五、一九	任期滿了	
	二	赤松常吉	昭和四、五、二〇	改任期選任	八、六、一四	同	(A)
	三	赤松常吉	八、六、二〇	同			
浪速町第三區	一	今中艮	大正一四、四、七	新任	昭和四、五、一九	任期滿了	

昭和八、六、一四涙速町三區ヲ改稱	二	今中良	昭和四、五、二〇	改任期選任	八、六、一四	任期滿了	(A)
	三	今中良	八、六、二〇	同	一〇、四、一七	辭任	
涙速町第四區 昭和八、六、一四涙速町四區ヲ改稱	一	袋布要太郎	大正一四、四、七	新任	昭和四、五、一九	任期滿了	
	二	柳沼輝治	昭和四、五、二〇	改任期選任	八、六、一四	同	(A)
	三	袋布要太郎	八、六、二〇	同			
吉野町區	一	桐原善治	大正一四、四、七	新任	昭和四、五、一九	任期滿了	
	二	澤田治三郎	昭和四、五、二〇	改任期選任	六、四、二〇	辭任	
		畑中佐太吉	六、五、七	補欠	八、六、一四	任期滿了	(A)
	三	畑中佐太吉	八、六、二〇	改任期選任			
大山通區	一	安西卯三郎	大正一四、四、七	新任	昭和四、五、一九	任期滿了	
	二	莊晋一	昭和四、五、二〇	改任期選任	八、六、一四	同	(A)
	三	林久太郎	八、六、二〇	同	九、一、一七	死亡	(A)
		宅昌一	九、三、七	補欠			

西通區	一	松田清三郎	大正一四、四、七	新任	昭和四、五、一九	任期滿了	
	二	松田清三郎	昭和四、五、二〇	改任期選任	八、六、一四	同	(A)
	三	松田清三郎	八、六、二〇	同			
伊勢町區	一	野村崇	大正一四、四、七	新任	昭和四、五、一九	任期滿了	
	二	野村崇	昭和四、五、二〇	改任期選任	五、一一、一五	死亡	
		濱本忠吉	五、一二、九	補缺	八、六、一四	任期滿了	(A)
	三	濱本忠吉	八、六、二〇	改任期選任			
磐城町區 昭和四、九、一磐代町區ヲ改稱	一	森繁八	大正一四、四、七	新任	一四、四、九	辭任	
		森繁八	一四、九、一六	再任	昭和四、五、一九	任期滿了	
	二	中村榮吉	昭和四、五、二〇	改任期選任	四、八、九	辭任	
		平林初次郎	四、一一、二	補缺	八、六、一四	任期滿了	(A)
	三	森繁八	八、六、二〇	改任期選任			
信濃町區	一	池羽如平	大正一四、四、七	新任	昭和四、五、一九	任期滿了	
	二	池羽如平	昭和四、五、二〇	改任期選任	八、六、一四	任期滿了	(A)

區名	期	氏名	就任年月日	事由	退任年月日	事由	備考
	三	池羽如平	八、六、二〇	改任期選任			
市場區	一	澤田賢太	大正一四、四、七	新任	昭和四、五、一九	任期滿了	
	二	和田猪三郎	昭和四、五、二〇	改任期選任	八、六、一四	同	(A)
	三	山本禎一郎	八、六、二〇	同			
美濃町區	一	武田正吉	大正一四、四、七	新任	昭和四、五、一九	任期滿了	
	二	武田正吉	昭和四、五、二〇	改任期選任	六、四、一	失職	區長設置規程中改正ニ依リ區劃ヲ變更シタルニ因ル
		武田正吉	六、五、七	再任	八、六、一四	任期滿了	(A)
	三	池田勳旭	八、六、二〇	改任期選任			
榮町區（昭和六、四、一區長設置規程中改正ニ依リ新設）	二	桑野彌一郎	昭和六、五、七	新任	七、四、一	失職	區長設置規程中改正ニ依リ區劃ヲ變更シタルニ因ル
		桑野彌一郎	七、四、一九	再任	八、六、一四	任期滿了	(A)
	三	桑野彌一郎	八、六、二〇	改任期選任			
連鎖街區（昭和七、四、一區長設置規程中改正ニ依リ新設）	二	宮本壽之助	昭和七、四、一九	新任	八、六、一四	任期滿了	(A)
	三	宮本壽之助	八、六、二〇	改任期選任			
西廣場區	一	福井米次郎	大正一四、四、七	新任	昭和四、五、一九	任期滿了	

	二	鳥羽實	昭和四、五、二〇	改任期選任	八、六、一四	同	(A)
	三	鳥羽實	八、六、二〇	同			
越後町區	一	池内新八郎	大正一四、四、七	新任	昭和四、五、一九	任期滿了	
	二	森谷竹次郎	昭和四、五、二〇	改任期選任	四、五、二三	辭任	
		能登庄三郎	四、一一、二	補缺	七、九、二四	同	
	三	城島類造	八、六、二〇	改任期選任	九、九、六	同	
		三田芳之助	九、一二、二一	補缺			
西公園町區	一	鈴木新五郎	大正一四、四、七	新任	昭和四、五、一九	任期滿了	
	二	土橋義助	昭和四、五、二〇	改任期選任	四、五、二七	辭任	
		市原三六郎	四、一一、二	補缺	七、一二、二八	同	
		山田三平	八、一、二四	同	八、六、一四	任期滿了	(A)
	三	山田三平	八、六、二〇	改任期選任	一〇、四、三〇	辭任	
若狹町區	一	河合宇多吉	大正一四、四、七	新任	昭和四、五、一九	任期滿了	
	二	有田仲藏	昭和四、五、二〇	改任期選任	八、六、一四	同	(A)

	三	中川邦四郎	八、六、二〇	改任期選任			
春日町區	一	落合周市	大正一四、四、七	新任	一四、一二、一四	辭任	
		鶴佐太郎	一五、一一、一	補缺	昭和四、五、一九	任期滿了	
	二	落合周市	昭和四、五、二〇	改任期選任	七、四、一	失職	區長設置規程中改正ニ依リ區劃ヲ變更シタルニ因ル
		落合周市	七、四、一九	再任	八、六、一四	任期滿了	（A）
	三	岡島勳	八、六、二〇	改任期選任			
逢阪町區	一	西田好藏	大正一四、四、七	新任	一五、三、二四	辭任	
		高本吉郎	一五、一一、一	補缺	昭和四、五、一九	任期滿了	
	二	高本吉郎	昭和四、五、二〇	改任期選任	八、六、一四	同	（A）
	三	高本吉郎	八、六、二〇	同			
嶺前第一區　昭和七、四、一區長設置規程中改正ニ依リ新設	二	中川衡平	昭和七、四、一九	新任	八、六、一四	任期滿了	（A）
	三	中川衡平	八、六、二〇	改任期選任			
嶺前第二區　昭和七、四、一區長設置規程中改正ニ依リ新設	二	村田平次郎	昭和七、四、一九	新任	八、六、一四	任期滿了	（A）
	三	村田平次郎	八、六、二〇	改任期選任			

嶺前第三區（大正一四、七、二〇區長設置規程中改正ニ依リ新設、昭和七、四、一嶺前中區ヲ改稱）	一	永井雄之進	大正一四、九、一六	新任	昭和四、五、一九	任期滿了	
	二	永井雄之進	昭和四、五、二〇	改任期選任	八、六、一四	同	（A）
	三	井上信翁	八、六、二〇	同	一〇、四、一五	辭任	
嶺前第四區（大正一四、七、二〇區長設置規程中改正ニ依リ新設 昭和七、四、一嶺前南區ヲ改稱）	一	土屋亥三	大正一四、九、一六	新任	昭和三、一一、一	辭任	
	二	小野木孝治	昭和四、五、二〇	改任期選任	六、四、三	同	
		田邊敏行	六、五、七	補缺	七、七、一八	同	
		濱田幸太郎	七、七、二八	同	七、一〇、二〇	同	
		中村長吉	八、一、二〇	同	八、六、一四	任期滿了	（A）
	三	中村長吉	八、六、二〇	改任期選任			
松山町區	一	濱田正稻	大正一四、四、七	新任	一四、四、二二	辭任	
		山田武吉	一四、九、一六	補缺	昭和四、五、一九	任期滿了	
	二	山田武吉	昭和四、五、二〇	改任期選任	五、四、三〇	辭任	
		小村俊夫	五、五、六	補缺	七、三、三一	辭任	
	三	赤井隆資	八、六、二〇	改任期選任			
伏見臺東區	一	國平藤九郎	大正一四、四、七	新任	昭和四、五、一九	任期滿了	

	二	藤田徳藏	昭和四、五、二〇	改任期選任	六、四、一	失職	區長設置規程中改正ニ依リ區劃ヲ變更シタルニ因ル(A)
	二	藤田徳藏	六、五、七	再任	八、六、一四	任期滿了	
	三	藤田徳藏	八、六、二〇	改任期選任	八、八、九	死亡	
	三	兒島卯吉	九、一二、二一	補缺			
伏見臺西區	一	間瀬增吉	大正一四、四、七	新任	昭和四、五、一九	任期滿了	
	二	間瀬增吉	昭和四、五、二〇	改任期選任	四、五、二二	辭任	
	二	利根川熊作	四、一一、二	補缺	六、四、一	失職	區長設置規程中改正ニ依リ區劃ヲ變更シタルニ因ル(A)
	二	利根川熊作	六、五、七	再任	六、六、二三	辭任	
	二	香宗我部操	六、一〇、二三	補缺	八、六、一四	任期滿了	
	三	香宗我部操	八、六、二〇	改任期選任			
西崗南區（大正一四、七、二〇區長設置規程中改正ニ依リ新設）	一	森田重太郎	大正一四、九、一六	新任	昭和四、五、一九	任期滿了	
	二	根元長十郎	昭和四、五、二〇	改任期選任	六、四、二三	辭任	
	二	山本神勵	六、五、七	補缺	八、四、一二	死亡	
	三	井ノ口豐吉	八、六、二〇	改任期選任			
西崗北區	一	徐瑞蘭	大正一四、九、一六	新任	昭和四、五、一九	任期滿了	

大正一四、七、二〇區長設置規程中改正ニ依リ新設	二	徐瑞蘭	昭和四、五、二〇	改任期選任	八、三、二七	辭任	
	三	閻之如	八、六、二〇	同			
工場地區	一	植田龍藏	大正一四、四、七	新任	昭和四、五、一九	任期滿了	
	二	植田龍藏	昭和四、五、二〇	改任期選任	八、六、一四	同	(A)
	三	植田龍藏	八、六、二〇	同			
露天市場區	一	荒川快治	大正一四、四、七	新任	一五、三、二	辭任	
		淺井保兵衛	一五、一一、一	補缺	昭和四、五、一九	任期滿了	
	二	淺井保兵衛	昭和四、五、二〇	改任期選任	六、四、一	失職	區長設置規程中改正ニ依リ區劃ヲ變更シタルニ因ル
		淺井保兵衛	六、五、七	再任	八、六、一四	任期滿了	(A)
	三	淺井保兵衛	八、六、二〇	改任期選任			
大劉區	一	原田政助	大正一四、四、七	新任	大正一五、四、九	辭任	
		相原莊藏	一五、一一、一	補缺	昭和四、五、一九	任期滿了	
	二	相原莊藏	昭和四、五、二〇	改任期選任	八、六、一四	任期滿了	(A)
	三	相原莊藏	八、六、二〇	同	八、九、三	辭任	

區	代	氏名	就任年月日	事由	退任年月日	事由	備考
		習田京治	八、九、一二	補缺			
王陽街區（昭和八、六、一四沙河口東區ヲ改稱）	一	王震東	大正一四、四、七	新任	昭和四、五、一九	任期滿了	
	二	趙成德	昭和四、五、二〇	改任期選任	八、六、一四	任期滿了	（A）
	三	趙成德	八、六、二〇	同			
眞金町區（昭和八、六、一四沙河口南區ヲ改稱）	一	竹川美定	大正一四、四、七	新任	昭和二、九、一九	辭任	
		藤田馨	昭和二、一一、四	補缺	四、五、一九	任期滿了	
	二	松本貫一	四、五、二〇	改任期選任	五、一〇、一八	辭任	
		山澤靜一	五、一一、一七	補缺	六、四、一	失職	區長設置規程中改正ニ依リ區劃ヲ變更シタルニ因ル
		山澤靜一	六、五、七	再任	六、八、一八	失職	區外ニ轉出シタルニ因ル
		江崎重吉	六、一〇、二三	補缺	八、六、一四	任期滿了	（A）
	三	紫藤貞一郎	八、六、二〇	改任期選任			
霞町區（昭和八、六、一四沙河口北區ヲ改稱）	一	田中賀壽太	大正一四、四、七	新任	昭和三、五、三〇	失職	市外轉出
	二	結城清太郎	昭和四、五、二〇	改任期選任	七、一、三一	辭任	
		篠原豐三郎	八、二、一四	補缺	八、六、一四	任期滿了	（A）
	三	篠原豐三郎	八、六、二〇	改任期選任	一〇、二、四	辭任	

		鈴木鷹信	一〇、三、一二	補缺			
大正區 昭和八、六、一四沙河口西區ヲ大正通區ト改稱 昭和九、三、八大正通區ヲ大正區ト改稱	一	拓殖忠夫	大正一四、四、七	新任	大正一四、六、六	辭任	
		拓殖忠夫	一四、九、一六	再任	昭和四、五、一九	任期滿了	
	二	拓殖忠夫	昭和四、五、二〇	改任期選任	四、八、一三	辭任	
		長濱丹治	四、一一、二	補缺	八、六、一四	任期滿了	(A)
	三	長濱丹治	八、六、二〇	改任期選任			
台山區	一	下釜吾作	大正一四、四、七	新任	昭和二、一一、一六	辭任	
		深井淏一	昭和三、五、八	補缺	四、五、一九	任期滿了	
	二	深井淏一	四、五、二〇	改任期選任	八、六、一四	任期滿了	(A)
	三	深井淏一	八、六、二〇	同			
河東屯區	一	夏玉軒	大正一四、四、七	新任	昭和四、五、一九	任期滿了	
	二	夏玉軒	昭和四、五、二〇	改任期選任	六、四、一	失職	區長設置規程中改正ニ依リ區劃ヲ變更シタルニ依ル
		夏玉軒	六、五、七	再任	八、六、一四	任期滿了	(A)
	三	柳成名	八、六、二〇	改任期選任			

聖徳街區	一	蔦井新助	大正一四、四、七	新任	昭和三、一一、二四	辭任	
	二	安藤哲造	昭和四、五、二〇	改任期選任	八、六、一四	任期滿了	(A)
	三	安藤哲造	八、六、二〇	同			
譚家屯東區 昭和六、四、一區長設置規程中改正ニ依リ新設	二	清岡克巳	昭和六、五、七	新任	八、六、一四	任期滿了	(A)
	三	清岡克巳	八、六、二〇	改任期選任			
譚家屯西區 昭和六、四、一區長設置規程中改正ニ依リ新設	二	根元長十地	昭和六、五、七	新任	八、六、一四	任期滿了	(A)
	三	根元長十郎	八、六、二〇	改任期選任	一〇、一、二五	辭任	
		淵田安松	一〇、三、二五	補缺			
星ヶ浦區 昭和三、七、二六區長設置規程中改正ニ依リ新設	一	矢野元	昭和三、一〇、一八	新任	四、五、一九	任期滿了	
	二	矢野元	四、五、二〇	改任期選任	八、六、一四	任期滿了	(A)
	三	小栗半平	八、六、二〇	同			
嶺前屯區 大正一四、七、二〇區長設置規程中改正ニ依リ廢止	一	青柳老繁	大正一四、四、七	新任	一四、四、九	辭任	

區名	期別	氏名	就任年月日	就任理由	退任年月日	退任理由	摘要
譚家屯區	一	田邊三槌	大正一四、四、七	新任	昭和四、五、一九	任期滿了	
昭和六、四、一區長設置規程中改正ニ依リ廢止	二	田邊三槌	昭和四、五、二〇	改任期選任	五、二、二三	辭任	本區ヲ廢止シタルニ因ル
		清岡克巳	五、五、六	補缺	六、四、一	失職	
小崗子區 大正一四、七、二〇區長設置規程中改正ニ依リ廢止	一	徐瑞蘭	大正一四、四、七	新任	一四、七、二〇	失職	本區ヲ廢止シタルニ因ル
讃前北區 大正一四、七、二〇區長設置規程中改正ニ依リ新設昭七、四、一區ノ分割ニ依リ廢止	一	北森信松	大正一四、九、一六	新任	昭和二、一〇、一〇	辭任	
		尾崎淳一郎	昭和二、一一、四	補缺	四、五、一九	任期滿了	
	二	尾崎淳一郎	四、五、二〇	改任期選任	五、九、一六	辭任	
		今西莞爾	五、一二、九	補缺	六、一二、一八	辭任	

（備考）退任欄記入ナキモノハ昭和十年五月一日現在任中

區長代理者

區名	期別	氏名	就任年月日	就任理由	退任年月日	退任理由	摘要
寺兒溝區	一	北田松次郎	大正一四、四、七	新任	昭和四、五、一九	任期滿了	

	二	安部周助	昭和四、五、二〇	改任期選任	八、六、一四	任期滿了	(A)
	三	中島國雄	八、六、二〇	同			
日出町區	一	小谷市太郎	大正一四、四、七	新任	一五、二、一	辭任	
		山口千代吉	一五、一一、一	補鈌	昭和四、五、一九	任期滿了	
	二	濱野重雄	昭和四、五、二〇	改任期選任	六、一一、一五	辭任	
		吉田吉次	七、六、一四	補鈌	八、六、一四	任期滿了	(A)
	三	吉田吉次	八、六、二〇	改任期選任			
明治町區 大正一四、七、二〇區長設置規程中改正ニ依リ新設	一	上片平直輔	大正一四、九、一六	新任	一五、一〇、三〇	一五、一〇、二九區長ニ就任	
		玉野理二	一五、一一、一	補鈌	昭和四、五、一九	任期滿了	
	二	玉野理二	昭和四、五、二〇	改任期選任	八、六、一四	同	(A)
	三	玉野理二	八、六、二〇	同			
千代田町區	一	宮城豐彦	大正一四、四、七	新任	一四、七、二〇	失職	區長設置規程中改正ニ依リ區劃ヲ變更シタルニ因ル
		郭子珍	一四、九、一六	補鈌	昭和四、五、一九	任期滿了	
	二	郭子珍	昭和四、五、二〇	改任期選任	八、六、一四	同	(A)

	三	呉寶圖	八、六、二〇	同			
南山區	一	松尾利作	大正一四、四、七	新任	昭和四、五、一九	任期滿了	
	二	松尾利作	昭和四、五、二〇	改任期選任	六、一〇、二二	六、一〇、二三區長ニ就任	
		越村吉造	七、六、一四	補缺	八、六、一四	任期滿了	（A）
	三	越村吉造	八、六、二〇	改任期選任	九、一二、二九	辭任	
		永井辰之助	一〇、三、一二	補缺			
近江町區	一	佐藤義繼	大正一四、四、七	新任	一四、四、二五	辭任	
		藤井梅吉	一四、九、一六	補缺	昭和三、二、四	同	
		長谷川長作	昭和三、五、八	同	四、五、一九	任期滿了	（A）
	二	長谷川長作	四、五、二〇	改任期選任	五、五、六	辭任	
		戸部房三郎	五、八、二六	補缺	六、四、一七	失職	市外轉出
		山城香甫	六、七、一三	同	八、六、一四	任期滿了	（A）
	三	黑瀬勝美	八、六、二〇	改任期選任			
霧島町區	一	今井行平	大正一四、四、七	新任	昭和四、五、一九	任期滿了	
	二	名越正吉	昭和四、五、二〇	改任期選任	六、八、二一	辭任	

		栗木榮太郎	六、一〇、二三	補缺	八、六、一四	任期滿了	(A)
	三	長谷川甚雄	八、六、二〇	改任期選任			
薩摩町區	一	藤沼誠一郎	大正一四、四、七	新任	昭和四、六、一九	任期滿了	
	二	渡邊剛	四、五、二〇	改任期選任	八、六、一四	同	(A)
	三	渡邊剛	八、六、二〇	同			
山縣通區	一	川上續太郎	大正一四、四、七	新任	一五、五、八	死亡	
		國政與三郎	一五、一一、一	補缺	昭和四、五、一九	任期滿了	
	二	國政與三郎	昭和四、五、二〇	改任期選任	八、六、一四	同	(A)
	三	國政與三郎	八、六、二〇	同			
紀淡町區	一	濱竹松	大正一四、四、七	新任	昭和四、五、一九	任期滿了	
	二	濱竹松	昭和四、五、二〇	改任期選任	八、六、一四	同	(A)
	三	濱竹松	八、六、二〇	同	九、一一、一二	死亡	
		吉本政吉	九、一二、二一	補缺			
埠頭區	一	所三郎	大正一四、四、七	新任	昭和二、一二、九	辭任	

		所三郎	昭和三、五、八	再任	三、一二、	死亡	
	二	高木彌一	昭和四、五、二〇	改任期選任	八、六、一四	任期滿了	(A)
	三	岡野保	八、六、二〇				
濱町區	一	松橋作次郎	大正一四、四、七	新任	一四、四、二八	辭任	
		佐藤榮次郎	一四、九、一六	補缺	一五、一〇、三一	一五、一一、一區長ニ就任	
		助川龜太郎	一五、一一、一	補缺	昭和四、五、一九	任期滿了	
	二	伊藤初藏	昭和四、五、二〇	改任期選任	四、一一、一	四、一一、二區長ニ就任	
		長瀬元三郎	四、一一、二	補缺	六、六、一〇	辭任	
		猪塚才吉	六、七、一三	補缺	八、六、一四	任期滿了	(A)
	三	國弘茂一	八、六、二〇	改任期選任			
日本橋區	一	中村長吉	大正一四、四、七	新任	一四、九、一五	一四、九、一六區長ニ就任	
		鈴木久治郎	一四、九、一六	補缺	一五、一〇、二〇	失職	市外轉出
		佐野貞臣	一五、一一、一	同	昭和四、五、一九	任期滿了	
	二	行谷藤吉	昭和四、五、二〇	改任期選任	四、五、二二	辭任	
		大島甲槌	四、一一、二	補缺	六、三、二	同	
		柴沼繁	六、五、七	同	八、六、一四	任期滿了	(A)

	三	柴沼繁 太田伊之助	八、六、二〇 一〇、三、一二	改任期選任 補缺	一〇、二、一四	辭任	
北部町區	一	栗原百松 打木兵三郎	大正一四、四、七 一五、一一、一	新任 補缺	一五、一〇、三一 昭和四、五、一九	一五、一一、一區長ニ就任 任期滿了	
	二	打木兵三郎	昭和四、五、二〇	改任期選任	八、六、一四	同	(A)
	三	打木兵三郎	八、六、二〇	同			
監部通區	一	松澤万三人	大正一四、四、七	新任	昭和四、五、一九	任期滿了	(A)
	二	岸　胖	昭和四、五、二〇	改任期選任	八、六、一四	同	
	三	岸　胖	八、六、二〇	同			
浪速町第一區 昭和八、六、一四浪速町一區ヲ改稱	一	石田嘉市	大正一四、四、七	新任	昭和四、五、一九	任期滿了	
	二	石田嘉市	昭和四、五、二〇	改任期選任	八、六、一四	同	(A)
	三	石田嘉市	八、六、二〇	同			
浪速町第二區 昭和八、六、一四浪速町二區ヲ改稱	一	奥田三之助	大正一四、四、七	新任	昭和四、五、一九	任期滿了	
	二	田淵紋次郎	昭和四、五、二〇	改任期選任	八、六、一四	同	(A)

	三	田淵紋次郎	八、六、二〇	同			
浪速町第三區（昭和八、六、一四浪速町三區ヲ改稱）	一	鈴木兼重	大正一四、四、七	新任	昭和四、五、一九	任期滿了	
	二	鈴木兼重	昭和四、五、二〇	改任期選任	八、六、一四	同	（A）
	三	鈴木兼重	八、六、二〇	同			
浪速町第四區（昭和八、六、一四浪速町四區ヲ改稱）	一	白川五平	大正一四、四、七	新任	昭和四、五、一九	任期滿了	
	二	白川諄	昭和四、五、二〇	改任期選任	八、六、一四	同	（A）
	三	白川諄	八、六、二〇	同			
吉野町區	一	澤田治三郎	大正一四、四、七	新任	昭和四、五、一九	任期滿了	
	二	淸水留四郎	昭和四、五、二〇	改任期選任	八、六、一四	同	（A）
	三	淸水留四郎	八、六、二〇	同	九、五、二三	辭任	
		山本安次郎	九、一二、二一	補缺			
大山通區	一	馬場金助	大正一四、四、七	新任	一五、一一、八	辭任	
		莊國四郎	一五、一一、二九	補缺	昭和四、五、一九	任期滿了	
	二	林久太郎	昭和四、五、二〇	改任期選任	八、六、一四	任期滿了	（A）

	三	佐野米雄	八、六、二〇	改任期選任			
西通區	一	松村繁雄	大正一四、四、七	新任	昭和四、五、一九	任期滿了	
	二	松村繁雄	昭和四、五、二〇	改任期選任	八、六、一四	同	(A)
	三	松村繁雄	八、六、二〇	同			
伊勢町區	一	高井覺太郎	大正一四、四、七	新任	昭和四、五、一九	任期滿了	
	二	濱木忠吉	昭和四、五、二〇	改任期選任	五、一二、一八	五、一二、一九區長ニ就任	
	三	林房吉	八、六、二〇	同	八、一〇、二九	死亡	
		宇治原啓藏	九、三、七	補缺			
磐城町區 昭和四、九、一磐代町區ヲ改稱	一	中村榮吉	大正一四、四、七	新任	一四、四、九	辭任	
		中村榮吉	一四、九、一六	再任	昭和四、五、一九	任期滿了	
	二	佐藤豐	昭和四、五、二〇	改任期選任	四、八、九	辭任	
		河野小七郎	四、一一、二	補缺	八、六、一四	任期滿了	(A)
	三	加藤島太郎	八、六、二〇	改任期選任			
信濃町區	一	村井隆治	大正一四、四、七	新任	昭和四、五、一九	任期滿了	

	二	村井隆治	昭和四、五、二〇	改任期選任	八、六、一四	同	(A)
	三	村井隆治	八、六、二〇	同			
市場區	一	指谷忠藏	大正一四、四、七	新任	昭和四、五、一九	任期滿了	
	二	岩佐義一	昭和四、五、二〇	改任期選任	八、六、一四	同	(A)
	三	太田保太郎	八、六、二〇	同	九、一〇、六	辭任	
		栗原友三郎	九、一二、二一	補缺			
美濃町區	一	石光幸之助	大正一四、四、七	新任	昭和四、五、一九	任期滿了	
	二	桑野彌一郎	昭和四、五、二〇	改任期選任	六、四、一	失職	區長設置規定中改正ニ依リ區劃ヲ變更シタル因ル
		池田勳旭	六、五、七	補缺	八、六、二四	任期滿了	(A)
	三	加藤正太郎	八、六、二〇	改任期選任			
榮町區 昭和六、四、一區長設置規程中改正ニ依リ新設	二	大津重三郎	昭和七、六、一四	新任	八、六、一四	任期滿了	(A)
	三	大津重三郎	八、六、二〇	改任期選任			
連鎖街區 昭和七、四、一區長設置規程中改正ニ依リ新設	二	清水類吉	昭和七、六、一四	新任	八、六、一四	任期滿了	(A)
	三	清水類吉	八、六、二〇	改任期選任			

西廣場區	一	鳥羽實	大正一四、四、七	新任	一四、四、一三	辭任	
		鳥羽實	一四、九、一六	再任	昭和四、五、一九	任期滿了	
	二	笹岡庫太郎	昭和四、五、二〇	改任期選任	八、六、一四	同	（A）
	三	笹岡庫太郎	八、六、二〇	同	八、八、二五	死亡	
		圓橋六太郎	八、九、一二	補缺			
越後町區	一	森谷竹次郎	大正一四、四、七	新任	昭和四、五、一九	任期滿了	
	二	能登庄三郎	昭和四、五、二〇	改任期選任	四、一一、一	四、一一、二區長ニ就任	
		森谷竹二郎	四、一一、二	補缺	七、九、二四	失職	市外轉出
	三	東久太郎	八、六、二〇	改任期選任			
西公園町區	一	土橋義助	大正一四、四、七	新任	昭和四、五、一九	任期滿了	
	二	福島藤太郎	昭和四、五、二〇	改任期選任	七、一〇、二一	辭任	
		藤本杢三郎	八、一、二〇	補缺	八、六、一四	任期滿了	（A）
	三	藤本杢三郎	八、六、二〇	改任期選任			
若狹町區	一	間原德太郎	大正一四、四、七	新任	一四、四、九	辭任	
		中川邦四郎	一四、九、一六	補缺	昭和四、五、一九	任期滿了	

	二	中村左右策	昭和四、五、二〇	改任期選任	八、六、一四	同	(A)
	三	市川金太郎	八、六、二〇	同			
春日町區	一	玉谷隈吉	大正一四、四、七	新任	一四、四、八	辭任	
		鶴佐太郎	一四、九、一六	補缺	一五、一〇、三一	一五、一一、一區長ニ就任	
		佐藤義雄	一五、一一、一	同	昭和四、五、一九	任期滿了	
	二	岡島勳	昭和四、五、二〇	改任期選任	七、四、一	失職	區長設置規程中改正ニ依リ區劃ヲ變更シタルニ因ル
		岡島勳	七、四、一九	再任	八、六、一四	任期滿了	(A)
	三	伊豆島理三郎	八、六、二〇	改任期選任			
逢坂町區	一	森寅一	大正一四、四、七	新任	昭和四、五、一九	任期滿了	
	二	森寅一	昭和四、五、二〇	改任期選任	八、六、一四	同	(A)
	三	中野常助	八、六、二〇	同			
嶺前第一區 昭和七、四、一區長設置規程中改正ニ依リ新設	二	奥村梅吉	昭和七、六、一四	新任	八、六、一四	任期滿了	(A)
	三	奥村梅吉	八、六、二〇	改任期選任			
嶺前第二區	二	古賀國藏	昭和七、六、一四	新任	八、六、一四	任期滿了	

區名	代	氏名	就任年月日	事由	退任年月日	事由	備考
昭和七、四、一區長設置規程中改正ニ依リ新設	三	古賀國藏	八、六、二〇	改任期選任			
嶺前第三區　大正一四、七、二〇區長設置規程中改正ニ依リ新設、昭和七、四、一嶺前中區ヲ改稱	一	松本定吉	大正一四、九、一六	新任	昭和二、九、一二	失職	市外轉出
		阪秀夫	昭和二、一一、四	補缺	四、五、一九	任期滿了	
	二	阪秀夫	四、五、二〇	改任期選任	六、三、三〇	辭任	
		松岡勝彦	六、五、七	補缺	八、六、一四	任期滿了	(A)
	三	安月喬資	八、六、二〇	改任期選任			
嶺前第四區　大正一四、七、二〇區長設置規程中改正ニ依リ新設、昭和七、四、一嶺前南區ヲ改稱	一	小野田文助	大正一四、九、一六	新任	昭和四、五、一九	任期滿了	
	二	濱田幸太郎	昭和四、五、二〇	改任期選任	七、七、二七	七、七、二八區長ニ就任	
		貞永綠	七、七、二八	補缺	八、六、一四	任期滿了	(A)
	三	貞永綠	八、六、二〇	改任期選任			
松山町區	一	石本貫一	大正一四、四、七	新任	一四、四、九	辭任	
		小村俊夫	一四、九、一六	補缺	昭和四、五、一九	任期滿了	
	二	小村俊夫	昭和四、五、二〇	改任期選任	四、五、五	四、五、六區長ニ就任	
		赤井隆資	五、五、六	補缺	八、六、一四	任期滿了	(A)
	三	荒木屯	八、六、二〇	改任期選任			

伏見臺東區	一	沼田直俊	大正一四、四、七	新任	昭和二、三、四	失職	
		藤田徳藏	昭和二、五、三	補缺	四、五、一九	任期滿了	
	二	川崎流三	四、五、二〇	改任期選任	六、四、一	失職	區長設置規程中改正ニ依リ區劃ヲ變更シタルニ因ル
		川崎流三	六、五、七	再任	八、六、一四	任期滿了	（A）
	三	川崎流三	八、六、二〇	改任期選任			
伏見臺西區	一	和泉國太郎	大正一四、四、七	新任	昭和四、五、一九	任期滿了	
	二	林米次郎	昭和四、五、二〇	改任期選任	六、四、一	失職	區長設置親程中改正ニ依リ區劃ヲ變更シタルニ因ル
		林米次郎	六、五、七	再任	六、一〇、二〇	辭任	
		光瀬友喜	六、一〇、二三	補缺	七、一	死亡	
		水上登三	七、一〇、七	同	八、六、一四	任期滿了	（A）
	三	水上登三	八、六、二〇	改任期選任			
西崗南區（大正一四、七、二〇區長設置規程中改正ニ依リ新設）	一	朱春山	大正一四、九、一六	新任	昭和四、五、一九	任期滿了	
	二	朱春山	昭和四、五、二〇	改任期選任	八、六、一四	同	（A）
	三	朱春山	八、六、二〇	同			
西崗北區	一	王文川	大正一四、九、一六	新任	昭和四、五、一九	任期滿了	

大正一四、七、二〇區長設置規程中改正ニ依リ新設	二	王文川	昭和四、五、二〇	改任期選任	八、六、一四	任期滿了	(A)
	三	劉煥彦	八、六、二〇	同			
工場地區	一	梶磯吉	大正一四、四、七	新任	昭和四、五、一九	任期滿了	
	二	梶磯吉	昭和四、五、二〇	改任期選任	八、六、一四	同	(A)
	三	梶磯吉	八、六、二〇	同			
露天市場區	一	淺井保兵衛	大正一四、四、七	新任	一五、一〇、三一	一五、一一、一區長ニ就任	
		張潤山	一五、一一、一	補缺	昭和四、五、一九	任期滿了	
	二	張潤山	昭和四、五、二〇	改任期任選	六、四、一	失職	區長設置規程中改正ニ依リ區劃ヲ變更シタルニ因ル
		張潤山	六、五、七	再任	八、六、一四	任期滿了	(A)
	三	干秩五	八、六、二〇	改任期選任			
大劉區	一	中村嶽雪	大正一四、四、七	新任	一四、一一、一三	辭任	
		平田音五郎	一五、一一、一	補缺	昭和三、七、二二	死亡	
		豐田彌太郎	昭和三、一〇、一八	同	四、五、一九	任期滿了	(A)
	二	水山喜四郎	四、五、二〇	改任期選任	八、六、一四	同	

	三	習田京治	八、六、二〇	同	八、九、一一	八、九、一二區長ニ就任	
		和田宇市	八、九、一二	補缺			
王陽街區　昭和八、六、一四沙河口東區ヲ改稱	一	張芸堂	大正一四、四、七	新任	大正一四、四、一五	辭任	
		趙成德	一四、九、一六	補缺	昭和四、五、一九	任期滿了	
	二	崔青林	昭和四、五、二〇	改任期選任	八、六、一四	同	（A）
	三	于天和	八、六、二〇	同			
眞金町區　昭和八、六、一四沙河口南區ヲ改稱	一	村田正雄	大正一四、四、七	新任	昭和二、九、二三	辭任	
		山下儀集	昭和二、一一、四	補缺	四、五、一九	任期滿了	
	二	中山國男	四、五、二〇	改任期選任	四、一二、七	辭任	
		丸目保	五、五、六	補缺	五、一〇、一八	同	
		山下儀集	五、一一、一七	同	六、四、一	失職	
		山下儀集	六、五、七	再任	八、六、一四	任期滿了	區長設置規程中改正ニ依リ區劃ヲ變更シタルニ因ル（A）
	三	川井忠定	八、六、二〇	改任期選任			
霞町區　昭和八、六、一四沙河口北區ヲ改稱	一	高橋達次	大正一四、四、七	新任	昭和三、一一、一七	辭任	
	二	篠原豐三郎	昭和四、五、二〇	改任期選任	八、二、一三	八、二、一四區長ニ就任	

		吉川梅之助	八、二、一四	補缺	八、六、一四	任期滿了	（A）
	三	吉川梅之助	八、六、二〇	改任期選任			
大正區（昭和八、六、一四沙河口西區ヲ大正通區改稱 昭和九、三、八大正通區ヲ改稱）	一	桂城門三郎	大正一四、四、七	新任	昭和四、五、一九	任期滿了	
	二	桂城門三郎	昭和四、五、二〇	改任期選任	八、六、一四	同	（A）
	三	桂城門三郎	八、六、二〇	同			
臺山區	一	小川利彦	大正一四、四、七	新任	昭和四、五、一九	任期滿了	
	二	小川利彦	昭和四、五、二〇	改任期選任	八、六、一四	同	（A）
	三	小川利彦	八、六、二〇	同			
河東屯區	一	林尙義	大正一四、四、七	新任	昭和四、五、一九	任期滿了	
	二	林尙義	昭和四、五、二〇	改任期選任	六、四、一	失職	區長設置規程中改正ニ依リ區劃ヲ變更シタルニ因ル
		林尙義	六、五、七	再任	八、六、一四	任期滿了	（A）
	三	夏玉軒	八、六、二〇	改任期選任			
聖德區	一	安藤哲三	大正一四、四、七	新任	昭和四、五、一九	四、五、二〇區長ニ就任	

	二	梅本鶴松	昭和四、五、二〇	改任期選任	八、六、一四	任期滿了	(A)
	三	藪田爲八	八、六、二〇	同			
譚家屯東區 昭和六、四、一區長設置規程中改正ニ依リ新設	二	井口榮藏	昭和六、五、七	新任	六、七、七	死亡	
	二	木村三郎	六、一〇、二三	補缺	八、六、一四	任期滿了	(A)
	三	木村三郎	八、六、二〇	改任期選任			
譚家屯西區 昭和六、四、一區長設置規程中改正ニ依リ新設	二	關根忠篤	昭和六、五、七	新任	六、一二、一六	辭任	
	二	玉田敏郎	七、六、一四	補缺	八、五、一	死亡	
	三	淵田安松	八、六、二〇	改任期選期	一〇、三、二四	一〇、三、二五區長ニ就任	
	三	佐藤保吉	一〇、三、二五	補缺			
星ヶ浦區 昭和三、七、二六區長設置規程改正ニ依リ新設	一	三好重政	昭和三、一〇、一八	新任	四、五、一九	任期滿了	(A)
	二	三好重政	四、五、二〇	改任期選任	八、六、一四	同	
	三	木暮寅	八、六、二〇	同	一〇、一、二五	辭任	
	三	田中芬	一〇、三、一二	補缺			
嶺前屯區（廢止）	一	荒木伊平	大正一四、四、七	新任	一四、四、九	辭任	區長設置規程中改正ニ依リ本區ヲ廢止シタルニ因ル

譚家屯區（廢止）	一	容貝仁三郎	大正一四、四、七	新任	昭和四、六、二〇	任期滿了	
	二	容貝仁三郎	昭和四、五、二〇	改任期選任	五、三、二八	辭任	區長設置規程中改正ニ依リ本區ヲ廢止シタルニ因ル
		井口榮藏	五、五、六	補缺	六、四、一	失職	
小崗子區（大正一四、七、二〇區長設置規程中改正ニ依リ廢止）	一	王文川	大正一四、四、七	新任	一四、七、二〇	失職	區長設置規程中正ニ依リ本區ヲ廢止シタルニ因ル
嶺前北區（大正一四、七、二〇區長設置規程中改正ニ依リ新設、昭和七、四、一區ノ分割ニ依リ廢止）	一	飛田淸一郎	大正一四、九、一六	新任	昭和二、六、一七	辭任	
		村田平次郎	昭和二、一一、四	補缺	四、五、一九	任期滿了	
		村田平次郎	四、五、二〇	改任期選任	七、四、一	失職	區長設置規程中改正ニ依リ本區ヲ廢止シタルニ因ル

（備考）退任欄記入ナキモノハ昭和十年五月一日現在在任中

第五節　各部門の常設委員

大連市に於ける常設委員の制度は、特別市制時代に市參事會を設置せざりしため、市會議員の互選を以て常設委員を設置し、市會の議決に依り其權限に屬する一部輕易なる事項を委任し市參事會類似の權限を行はしめたのであるが、最初に敎育事務に關し、次で衞生事務に關して各部門を分ち常設委員を任命した。勿論當時の委員には何ら任期がなかつたけれども、市會議員の改選に際して議員の失權者を生じたる場合に補缺したのである。關東州市制が實施さるゝに及んで學務衞生、稅務、社會事業の四部門に屬する常設委員を置き、次で產業部門を設けて常設委員を任命し、別に臨時市場委員を任命したのである。各部門に於ける常設委員の就任者は左の如くである。

常設委員（敎育事務）

就任	退任	摘要	氏名
大正四、一一、六	大正六、一〇、三〇	特別市制實施後第一回委員	石崎震二
同	同	同	板谷丈夫
同	同	同	値賀連
同	同	同	吉野越次
同	同	同	長濱敏介
同	同	同	村井啓太郎
同	同	同	福田顯四郎
同	同	同	郭學純
大正六、一〇、三〇	大正八、一一、一	特別市制實施後第二回委員	福田顯四郎
同	同	同	村井啓太郎
同	同	同	川上賢三
同	同	同	中村敏雄
同	同	同	値賀連
同	同	同	平井大次郎
同	同	同	吉野越次
同	同	同	相生由太郎
同	同	同	郭學純

大正　八、一一、一	大正一一、一、三一	特別市制實施後第三回委員	相生由太郎
同	同	同	石本鏆太郎
同	同	同	川上賢三
同	同	同	値賀連
同	同	同	立川雲平
同	同	同	平井大次郎
同	同	同	有賀定吉
同	同	同	田邊敏行
同	同	同	郭學純

常設委員（衛生事務）

大正一〇、六、三	大正一一、一、三一	特別市制實施後第一回委員	村上龍太
同	同	同	國政與三郎
同	同	同	慶松勝左衛門
同	同	同	鶴見三三
同	同	同	加藤與之吉
同	同	同	山川吉雄
同	同	同	倉塚良夫
同	同	同	板谷丈夫

學務委員（常設委員）

選別	就任年月日	就任理由	退任年月日	退任理由	氏名
市會議員	大正一四、七、二七	常設委員制度設置當初新任	大正一五、九、九	辭任	保々隆矣
同	同	同	昭和三、一〇、三一	任期滿了	岡野勇
同	同	同	同	同	龜岡精二
同	同	同	同	同	中松國彦
同	同	同	大正一五、一〇、一五	辭任	久保通猷
同	同	同	昭和三、七、二八	同	傳立魚
同	昭和二、四、一一	補鈌	昭和三、一〇、三一	任期滿了	高橋仁一
同	同	同	同	同	寶性確成
名譽職參事會員	大正一四、七、二七	常設委員制度設置當初新任	昭和二、五、三	參事會員辭任ニ付失職	高塚源一
同	昭和二、一一、一七	補鈌	昭和三、一〇、三一	任期滿了	今村貫一
市住民	大正一四、七、二七	常設委員制度設置當初新任	昭和四、七、二六	同	西内精四郎
同	同	同	大正一五、四、一〇	市外轉出ニ付失職	法貴慶次郎（舊性服部）
同	同	同	昭和四、七、二六	任期滿了	岡内半藏
同	同	同	同	同	倉島丑太郎
同	大正一五、一一、一	補鈌	同	同	重松與八
市會議員	昭和三、一二、三	改任期新任	昭和七、一〇、三一	任期滿了	今村貫一

市會議員	昭和三、一二、三	改任期新任	昭和五、三、三一	市會議員辭任ニ付失職	内海安吉
同	同	同	昭和七、一〇、三一	任期滿了	三宅亮三郎
同	同	同	昭和六、一二、一五	參事會員ニ當選ニ付失職	三田芳之助
同	同	同	昭和七、四、七	市會議員辭任ニ付失職	閻傳紱
同	同	同	昭和七、三、九	死亡	恩田熊壽郎
同	昭和五、一〇、六	補缺	昭和七、二、一	市會議員辭任ニ付失職	岡野勇
同	昭和七、四、一九	同	昭和七、一〇、三一	任期滿了	相川米太郎
同	同	同	同	同	邵愼亭
同	同	同	同	同	品田直知
同	昭和七、一、一六	同	昭和七、一〇、三一	同	高橋猪兎喜
名譽職參事會員	昭和三、一二、三	改任期新任	昭和五、一一、一一	參事會員辭任ニ付失職	牛島蒸
同	昭和五、一二、九	補缺	昭和六、一二、八	同	高橋猪兎喜
同	昭和七、一、一六	同	昭和七、一〇、三一	任期滿了	三田芳之助
市住民	昭和四、八、二九	改任期新任	同	同	丸山英一
同	同	同	同	同	岡大路
同	同	同	同	同	國本小太郎
同	同	同	昭和七、四、一六	市外轉出ニ付失職	津久井德太郎
同	昭和七、四、一九	補缺	昭和七、一〇、三一	任期滿了	重松與八
市會議員	昭和八、一、二〇	改任期新任	昭和九、三、八	規程改正ニ因リ失職	張本政

同	同	同	同	同	高塚源一
同	同	同	昭和八、一二、二七	參事會員ニ當選ニ付失職	森川莊吉
同	同	同	昭和九、三、八	規程改正ニ因リ失職	山口十助
同	同	同	同	同	熊谷直治
同	同	同	同	同	一宮章
同	昭和九、三、一六	補缺	昭和一〇、二、二五	參事會員ニ當選ニ付失職	松浦開地亘
同	同	同			小野實雄
同	同	再任	昭和一〇、二、二五	參事會員ニ當選ニ付失職	高塚源一
同	同	補缺			恩田明
同	同	再任			一宮章
同	昭和一〇、三、一二	補缺			古泉光男
同	同	同			石川亘三郎
名譽職參事會員	昭和八、一、二〇	改任期新任	昭和八、一二、二七	參事會員辭任ニ付失職	恩田明
同	昭和九、三、一六	補缺	昭和一〇、二、二五	同	森川莊吉
同	昭和一〇、三、一二	同			高塚源一
市住民	昭和八、一、二〇	改任期新任	昭和八、三、七	規程改正ニ因リ失職	丸山英一
同	同	同	同	同	西內精四郎
同	同	同	同	同	重松與八
同	同	同	同	同	岡大路

選別	就任年月日	就任理由	退任年月日	退任理由	氏名
市住民	昭和九、三、一六	補缺	昭和一〇、一、八	市外轉出ニ因リ失職	有賀庫吉
同	同	再任			岡大路
同	同	補缺			岡內半藏
同	同	再任			重松與八
同	同	同			丸山英一
同	昭和一〇、三、一二	補缺			荒木章

衛生委員

選別	就任年月日	就任理由	退任年月日	退任理由	氏名
市會議員	大正一四、七、二七	常設委員制度設置當初新任	昭和二、五、七	參事會員ニ當選ニ付失職	大內成美
同	同	同	昭和二、一一、二八	市會議員辭任ニ付失職	田島豐治
同	同	同	昭和二、五、七	參事會員ニ當選ニ付失職	內田鎭一
同	同	同	昭和三、一〇、三一	任期滿了	黑田秀磨
同	同	同	同	同	有馬邊
同	同	同	同	同	許萬亭
同	昭和二、一一、一七	補缺	同	同	大內成美
同	同	同	同	同	若月太郎

名譽職參事會員	大正一四、七、二七	常設委員制度設置當初新任	昭和二、五、三	參事會員當選ニ付失職	若月太郎
同	昭和二、一一、一七	補缺	昭和三、一〇、三一	任期滿了	内田鎮一
市住民	大正一四、七、二七	常設委員制度設置當初新任	昭和四、七、二六	同	西巻透三
同	同	同	同	同	戸谷銀三郎
同	同	同	同	同	矢野靜哉
同	同	同	同	同	福田稔
市會議員	昭和三、一二、三	改任期新任	昭和五、一一、二五	參事會員當選ニ付失職	相川米太郎
同	同	同	昭和七、一〇、三一	任期滿了	葛井新助
同	同	同	昭和五、一一、二五	參事會員當選ニ付失職	高橋仁一
同	同	同	昭和七、一〇、三一	任期滿了	岡本英敏
同	同	同	昭和四、七、二九	市會議員辭任ニ付失職	河内山武雄
同	同	同	昭和七、一〇、三一	任期滿了	曲子源
同	昭和五、一〇、六	補缺	同	同	矢野靜哉
同	昭和五、一二、九	同	同	同	金井章次
同	同	同	同	同	仙波久良
名譽參事會員	昭和三、一二、三	改任期新任	昭和五、一一、一一	參事會員辭任ニ付失職	金井章次
同	昭和五、一二、九	補缺	昭和六、一二、八	同	高橋仁一
同	昭和七、一、一六	同	昭和七、一〇、三一	任期滿了	野本謙治
市住民	昭和四、八、一九	改任期新任	同		辻慶太郎

市住民	昭和四、八、一九	改任期新任	昭和七、一〇、三一	任期滿了	豐田太郎
同	同	同	昭和四、一二、二二	市外轉出ニ付失職	高山勝司
同	同	同	昭和七、一〇、三一	任期滿了	長谷川貞三
同	昭和五、一〇、六	補缺	昭和五、一一、二一	死亡	尾崎三郎
同	昭和六、一、一七	同	昭和七、一〇、三一	任期滿了	石井金三郎
市會議員	昭和八、一、二〇	改任期新任	昭和八、一二、二七	參事會員當選ニ付失職	桑野彌一郎
同	同	同	昭和九、三、七	規程改正ニ因リ失職	若月太郎
同	同	同	昭和八、一二、二七	參事會員當選ニ付失職	石川艮三郎
同	同	同	昭和九、三、七	規程改正ニ因リ失職	許億年
同	同	同	同	同	五十嵜正大
同	同	同	昭和八、一二、二七	參事會員當選ニ付失職	千種峰藏
同	昭和九、三、一六	補缺			熊谷直治
同	同	同			芦刈末喜
同	同	再任	昭和九、九、一七	市會議員辭任ニ付失職	五十嵜正大
同	同	同			矢野靜哉
同	同	同			周子揚
同	昭和一〇、三、一二	再任			千種峯藏
名譽職參事會員	昭和八、一、二〇	改任期新任	昭和八、一二、二七	參事會員辭任ニ付失職	矢野靜哉
同	昭和九、三、一六	補缺	昭和一〇、二、二五	同	千種峯藏

選別	就任年月日	就任理由	退任年月日	退任理由	氏名
同	昭和一〇、三、一二	同			松浦開地艮
市住民	昭和八、一、二〇	改任期新任	昭和九、三、七	規程改正ニ因リ失職	辻慶太郎
同	同	同	同	同	豊田太郎
同	同	同	昭和八、一一、八	市外轉出ニ付失職	石井金三郎
同	同	同	昭和九、三、七	規程改正ニ因リ失職	守中清
同	昭和九、三、一六	補缺			安東洪次
同	同	再任			辻慶太郎
同	同	補缺	昭和一〇、三、一	市外轉出ニ付失職	寺田艮之助
同	同	再任			豊田太郎
同	同	同			守中清
同	昭和一〇、三、一二	補缺			久下沼英

税務委員（常設委員）

選別	就任年月日	就任理由	退任年月日	退任理由	氏名
市會議員	大正一四、七、二七	常設委員制度設置當初新任	昭和二、三、二	市會議員辭任ニ付失職	岩田熊治郎
同	同	同	昭和三、一〇、三一	任期滿了	加茂貞次郎
同	同	同	同	同	副島善文

市會議員	大正一四、七、二七	常設委員制度設置當初新任	昭和三、一〇、三一	任期滿了	向井龍造
同	同	同	同	同	宮崎愿一
同	同	同	同	同	邵愼亭
同	昭和二、四、一一	補缺	昭和三、一〇、三一	同	竹田菅雄
名譽職參事會員	大正一四、七、二七	常設委員制度設置當初新任	昭和二、五、三	參事會員辭任ニ付失職	中島亮作
同	昭和二、一一、一七	補缺	昭和三、一〇、三一	任期滿了	佐々木雄次郎
市住民	大正一四、七、二七	常設委員制度設置當初新任	大正一五、四、一〇	市外轉出ニ付失職	井下多美雄
同	同	同	昭和四、七、二六	任期滿了	値賀連
同	同	同	大正一五、三、一五	市外轉出ニ付失職	向井忠
同	同	同	昭和四、七、二六	任期滿了	佐藤至誠
同	大正一五、一一、一	補缺	同	同	築島信司
同	同	同	同	同	村井啓太郎
市會議員	昭和三、一二、三	改任期新任	昭和五、一一、二五	參事會員ニ當選ニ付失職	有馬邊
同	同	同	同	同	高橋猪兎喜
同	同	同	昭和六、一二、一六	同	佐多彦美
同	同	同	同	同	野本謙治
同	同	同	昭和七、一〇、三一	任期滿了	大西正弘
同	同	同	同	同	張本政
同	昭和五、一二、九	補缺	同	同	牛島蒸

同	同	同	同	同	宮崎愿一
同	昭和七、一、一六	同	昭和七、一〇、三一	同	高橋仁一
同	同	同	同	同	有馬邊
名譽職參事會員	昭和三、一二、三	改任期新任	昭和五、一一、一一	參事會員辭任ニ付失職	宮崎愿一
同	昭和五、一二、九	補缺	昭和六、一二、八	同	有馬邊
同	昭和七、一、一六	同	昭和七、一〇、三一	任期滿了	佐多彦美
市住民	昭和四、八、二九	改任期新任	同	同	中西敏憲
同	同	同	同	同	森田武雄
同	同	同	同	同	篠原嘉郎
同	同	同	昭和七、九、五	市外轉出ニ付失職	田中喜介
市會議員	昭和八、一、二〇	改任期新任	昭和八、一二、三〇	死亡	石本鏆太郎
同	同	同	昭和九、三、七	規程改正ニ因リ失職	今村貫一
同	同	同	同	同	有馬邊
同	同	同	昭和八、一二、二七	參事會員ニ當選ニ付失職	古泉光男
同	同	同	昭和九、三、七	規程改正ニ因リ失職	周子揚
同	同	同	同	同	芦刈末喜
同	昭和九、三、一六	補缺	昭和一〇、二、二六	參事會員ニ當選ニ付失職	龜澤福禎
同	同	同			立石保福
同	同	再任			有馬邊

市會議員	昭和九、三、一六	補缺			直塚芳夫
同	同	同			許億年
同	昭和一〇、三、一二	同			桑野彌一郎
名譽職參事會員	昭和八、一、二〇	改任期新任	昭和八、一二、二七	參事會員辭任ニ付失職	志村德造
同	昭和九、三、一六	補缺	昭和一〇、二、二五	同	古泉光男
同	昭和一〇、三、一二	同			龜澤福禎
市住民	昭和八、一、二〇	改任期新任	昭和九、三、七	規程改正ニ因リ失職	多田晃
同	同	同	昭和八、二、二三	市外轉出ニ付失職	草薙稽三
同	同	同	昭和九、三、七	規程改正ニ因リ失職	石田貞藏
同	同	同	同	同	小澤太兵衞
市住民	昭和九、三、一六	補缺	昭和一〇、一、一〇	市外轉出ニ付失職	蟻川久太郎
同	同	再任			小澤太兵衞
同	同	同			多田晃
同	同	補缺			山中繁雄
同	同	同			西山左内

社會事業委員（常設委員）

選別	就任 年月日	就任 理由	退任 年月日	退任 理由	氏名

市會議員	大正一四、七、二七	常設委員制度設置當初新任	昭和二、一〇、一二	參事會員ニ當選ニ付失職	今村貫一
同	同	同	昭和三、一〇、三一	任期滿了	小野實雄
同	同	同	昭和二、五、七	參事會員ニ當選ニ付失職	內海安吉
同	同	同	同	同	佐々木雄次郎
同	同	同	大正一五、六、二二	死亡	木村好太郎
同	同	同	昭和三、一〇、三一	任期滿了	曲子源
同	昭和二、四、一一	補缺	昭和二、五、七	參事會員ニ當選ニ付失職	栃內壬五郎
同	昭和二、一一、一七	同	昭和三、一〇、三一	任期滿了	奥平廣敏
同	同	同	同	同	小田娍
同	同	同	同	同	高塚源一
同	同	同	同	同	中島亮作
名譽職參事會員	大正一四、七、二七	常設委員制度設置當初新任	昭和二、五、三	參事會員辭任ニ付失職	小田娍
同	昭和二、一一、一七	補缺	昭和三、一〇、三一	任期滿了	栃內壬五郎
市住民	大正一四、七、二七	常設委員制度設置當初新任	昭和四、七、二六	同	伊佐壽
同	同	同	大正一五、二、二〇	市外轉出ニ付失職	細井鐘吉
同	同	同	昭和四、七、二六	任期滿了	田中喜介
同	同	同	同	同	工藤雄助
同	大正一五、一一、一	補缺	昭和二、一、一一	市外轉出ニ付失職	高柳保太郎
同	昭和二、五、三	同	昭和四、七、二六	任期滿了	小日山直登

市會議員	昭和三、一二、三	改任期新任	昭和六、八、二一	市會議員辭任ニ付失職	二村光三
同	同	同	昭和四、一〇、一六	死亡	副島善文
同	同	同	昭和五、一一、二五	參事會員ニ當選ニ付失職	立石保福
同	同	同	昭和七、一〇、三一	任期滿了	大内成美
同	同	同	昭和五、八、三一	市會議員辭任ニ付失職	佐藤恕一
同	同	同	昭和七、一〇、三一	任期滿了	劉仙洲
同	昭和五、一〇、六	補缺	同	同	熊谷直治
同	同	同	昭和六、一二、一六	參事會員辭任ニ付失職	芦刈末喜
同	昭和七、一、一六	再任	昭和七、一〇、三一	任期滿了	立石保福
同	昭和七、四、一九	補缺	同	同	牛島蒸
名譽職參事會員	昭和三、一二、三	改任期新任	昭和五、一一、一一	參事會員辭任ニ付失職	笠原博
同	昭和五、一二、九	補缺	昭和六、一二、八	同	立石保福
同	昭和七、一、一六	同	昭和七、一〇、三一	任期滿了	芦刈末喜
市住民	昭和四、八、二九	改任期新任	同	同	上村哲彌
同	同	同	同	同	千葉豊治
同	同	同	同	同	長澤圭五
同	同	同	同	同	神成季吉
市會議員	昭和八、一、二〇	改任期新任	昭和九、三、七	規程改正ニ因リ失職	松浦開地艮
同	同	同	同	同	相川米太郎

同	同	同	同	同	劉　仙　洲
同	同	同	同	同	上　原　進
同	同	同	同	同	笠　原　博
同	同	同	同	同	小　野　實　雄
同	昭和九、三、一六	補缺			志　村　德　造
同	同	再任			上　原　進
同	同	同			相　川　米　太　郎
同	同	補缺			三　田　芳　之　助
同	同	再任			劉　仙　洲
名譽職參事會員	昭和八、一、二〇	改任期新任	昭和八、一二、二七	參事會員辭任ニ付失職	蔦　井　新　助
同	昭和九、三、一六	補缺	昭和一〇、二、二五	同	桑　野　彌　一　郎
同	昭和一〇、三、一二	同			森　川　莊　吉
市住民	昭和八、一、二〇	改任期新任	昭和八、二、九	市外轉出ニ付失職	金　井　溫　治
同	同	同	昭和九、三、七	規程改正ニ因リ失職	千　葉　豐　治
同	同	同	同	同	岩　井　勘　六
同	同	同	同	同	福　田　熊　治　郎
同	昭和九、三、一六	再任			岩　井　勘　六
同	同	補缺			坂　本　治　一　郎
同	同	再任			千　葉　豐　治

選別	就任年月日	就任理由	退任年月日	退任理由	氏名
市住民	昭和九、三、一六	補缺			成田政次
同	同	再任			福田熊治郎

産業委員（常設委員昭和九年三月八日規程改正ノ結果新設）

選別	就任年月日	就任理由	退任年月日	退任理由	氏名
市會議員	昭和九、三、一六	改任期新任			山口十助
同	同	同			蔦井新助
同	同	同			笠原博
同	同	同			田中宇市郎
同	同	同			高橋猪兎喜
名譽職參事會員	同	同	昭和一〇、二、二五	參事會員辭任ニ付失職	石川艮三郎
同	昭和一〇、三、一二	補缺			菅原恒男
市住民	昭和九、三、一六	改任期新任			阿部重兵衞
同	同	同			高田友吉
同	同	同			田村羊三
同	同	同			中西敏憲
同	同	同			村井啓太郎

特別事業委員（常設委員）

選別	就任 年月日	就任 理由	退任 年月日	退任 理由	氏名
市會議員	大正一四、七、二七	常設委員制度設置當初新任	大正一五、四、三	死亡	李子明
同	同	同	昭和三、一〇、三一	任期滿了	李升海
同	同	同	同	同	奥平廣敏
同	同	同	昭和二、一〇、二二	市外轉出ニ付失職	貝瀬謹吾
同	同	同	昭和三、一〇、三一	任期滿了	龜井寶一
同	同	同	同	同	立川雲平
同	同	同	同	同	田中宇市郎
同	同	同	同	同	保野義郎
同	同	同	同	同	是枝定助
同	同	同	同	同	齋藤鷲太郎
同	大正一五、一一、一	補缺	同	同	劉仙洲
同	昭和二、一一、一七	同	同	同	村田慤麿
名譽職參事會員	大正一四、七、二七	常設委員制度設置當初新任	昭和二、五、三	參事會員辭任ニ付失職	龐睦堂
同	同	同	同	同	村田慤麿
同	昭和二、一一、一七	補缺	昭和三、一〇、三一	任期滿了	內海安吉
同	同	再任	同	同	龐睦堂

市住民	大正一四、七、二七	常設委員制度設置當初新任	昭和四、七、二六	任期滿了	小野木孝治
同	同	同	同	同	田邊敏行
同	同	同	昭和三、三、一五	市外轉出ニ付失職	向坊盛一郎
同	同	同	昭和四、七、二六	任期滿了	古澤丈作
同	同	同	同	同	篠崎嘉郎
市會議員	昭和三、一二、三	改任期新任	昭和四、五、二七	市會議員辭任ニ付失職	村田愨麿
同	同	同	昭和四、三、一三	市長就任ニ付失職	石本鏆太郎
同	同	同	昭和四、三、六	死亡	井上高富
同	同	同	昭和六、一二、一五	參事會員ニ當選ニ付失職	小野實雄
同	同	同	昭和七、一〇、三一	任期滿了	鈴木丈太郎
同	同	同	同	同	若月太郎
同	同	同	同	同	田中字市郎
同	同	同	同	同	品田直知
同	同	同	同	同	邵慎亭
同	同	同	同	同	安慈民
同	昭和五、一〇、六	補缺	同	同	木原鐵之助
同	同	同	同	同	高塚源一
同	昭和七、一、一六	同	同	同	相川米太郎
名譽職參事會員	昭和三、一二、三	改任期選任	昭和五、一一、一一	參事會員辭任ニ付失職	仙波久良

同	同	同	同	同	龐睦堂
同	昭和五、一二、九	再任	昭和六、一二、八	同	龐睦堂
同	同	補缺	同	同	相川米太郎
同	昭和七、一、一六	同	昭和七、一〇、三一	任期滿了	小野實雄
同	同	再任	同	同	龐睦堂
市住民	昭和四、八、二九	改任期新任	昭和六、四、三	市外轉出ニ付失職	小野木孝治
同	同	同	昭和七、四、一六	同	横田多喜助
同	同	同	昭和七、一〇、三一	任期滿了	栃内壬五郎
同	同	同	同	同	小田斌
同	同	同	同	同	高田友吉
同	昭和七、四、一九	補缺	同	同	入江正太郎
同	昭和六、七、二〇	同	同	同	榊谷仙次郎
市會議員	昭和八、一、二〇	改任期新任	昭和九、三、七	規程改正ニ因リ失職	田中宇市郎
同	同	同	昭和八、一二、二七	參事會員當選ニ付失職	邵愼亭
同	同	同	昭和九、三、七	規程改正ニ因リ失職	黃信之
同	同	同	同	同	立石保福
同	同	同	同	同	三田芳之助
同	同	同	同	同	大内成美
同	同	同	同	同	高橋猪兎喜

市會議員	昭和八、一、二〇	改任期新任	昭和九、三、七	規程改正ニ因リ失職	菅原恒男
同	同	同	同	同	龜澤福禎
同	同	同	同	同	直塚芳夫
同	昭和九、三、一六	補缺		現任	若月太郎
同	同	再任		同	今村貫一
同	同	同		同	大内成美
同	同	同	昭和一〇、二、二五	參事會員ニ當選ニ付失職	菅原恒男
同	同	同		現任	西田猪之助
同	同	補缺		同	張本政
同	同	同		同	龐睦堂
同	同	再任		同	黄信之
名譽職參事會員	昭和八、一、二〇	改任期新任	昭和八、一二、二七	參事會員辭任ニ付失職	龐睦堂
同	同	同	同	同	西田猪之輔
同	昭和九、三、一六	補缺	昭和一〇、二、二五	同	邵愼亭
同	昭和一〇、三、一二	再任			邵愼亭
市任民	昭和八、一、二〇	改任期新任	昭和九、三、七	規程改正ニ因リ失職	入江正太郎
同	同	同	同	同	白瀬多次郎
同	同	同	同	同	貝瀬謹吾
同	同	同	同	同	高田友吉

同	同	同	同	同	榊谷仙次郎
同	昭和九、三、一六	再任		現任	入江正太郎
同	同	同		同	貝瀬謹吾
同	同	同		同	榊谷仙次郎
同	同	補鈌		同	佐藤至誠
同	同	再任		同	白濱多次郎
同	同	補鈌		同	杉野耕三郎
同	同	同		同	築島信司

臨時市場委員

就任 年月日	就任 理由	退任 年月日	退任 理由	氏名
昭和五、一、八	臨時委員制度設置當初新任	昭和九、三、八	臨時委員制度廢止ニ付失職	笠原博
同	同	昭和六、八、二一	辭任	二村光三
同	同	昭和九、三、八	臨時委員制度廢止ニ付失職	大内成美
同	同	同	同	若月太郎
同	同	同	同	仙波久亘
同	同	昭和五、八、三一	辭任	佐藤恕一

就任年月日	就任理由	退任年月日	退任理由	氏名
昭和五、一、八	臨時委員制度設置當初新任	昭和九、三、八	臨時委員制度廢止ニ因リ失職	品田直知
同	同	同	同	立石保福
同	同	同	同	劉仙洲
同	同	昭和五、一二、二六	市外轉出ニ付失職	田中稔
同	同	和和九、三、八	臨時委員制度廢止ニ因リ失職	武部治右衛門
同	同	昭和八、二、二六	市外轉出ニ付失職	栃内壬五郎
同	同	昭和九、三、八	臨時委員制度廢止ニ因リ失職	渡邊精吉郎
昭和六、一、一七	補缺	昭和七、三、二三	市外轉出ニ付失職	山中德二
同	同	昭和九、三、八	臨時委員制度廢止ニ因リ失職	熊谷直治
昭和七、四、一九	同	昭和七、九、一七	市外轉出ニ付失職	大和田彌一
昭和七、一、二六	補缺	昭和九、三、八	臨時委員制度廢止ニ因リ失職	野本謙治

臨時衛生委員

就任 年月日	就任 理由	退任 年月日	退任 理由	氏名
昭和五、一、八	臨時委員制度設置當初新任	昭和七、五、二三	辭任	金井章次
同	同	昭和九、三、八	臨時委員制度廢止ニ因リ失職	有馬邊
同	同	同	同	鈴木丈太郎

蔦井新助	同	同	同	同
高橋仁一	同	同	同	同
佐多彦美	同	同	同	同
岡本英敏	同	同	同	同
相川米太郎	同	同	同	同
安慈民	同	同	同	同
尾崎三郎	同	同	昭和五、一一、二一	死亡
辻慶太郎	同	同	昭和九、三、八	臨時委員制度廢止ニ因リ失職
山本德明	同	同	同	同
長谷川貞三	同	同	同	同
石井金三郎	昭和六、一、一七	補缺	昭和八、一一、八	市外轉出ニ付失職

臨時市場改善委員

氏名	就任 年月日	就任 理由	退任 年月日	退任 理由
志村德造	昭和九、三、一六	臨時市場改善委員制度設置當初新任		
立石保福	同	同		
田中宇市郎	同	同		

同	同			熊谷直治
同	同			森川莊吉
同	同			有馬邊
同	同			相川米太郎
同	同			西田猪之輔
同	同			高橋猪兎喜
同	同			芦刈末喜
同	同			許億年

第五章　大連市の財政

第一節　市財政の膨脹

大正四年始めて特別市政の實施せられた際には、大連市の財政は極めて微弱なものであつたのみでなく、成るべく市民の負擔を增進せしめずして自治的施設に當らんとしたのであつた。衞生組合より繼承したる事業と、敎育に關する一部の經營に止まつたことは、財政の狀態よりして已むを得なかつたと云はねばならぬ。大正四年度は四年十月より翌五年三月末日に至る會計年度として半年分を計上したのであるが、歲入六萬八千八拾圓、歲出六萬二千三百三十六圓に過ぎず、大正五年度の全會計年度を通じても歲入十二萬八千六百五十九圓、歲出十二萬二千四百參拾壹圓であつて大正四年の約倍額强に達するのみであつた。然るに大正九年度に至るや俄然として歲入は九十三萬三千三百十七圓、歲出八十五萬六千六百八拾壹圓を算し、市財政は茲に漸く膨脹の端を發したのである。固より大連市に居住する者の增加と、各種事業の發展とに依りて市の施設經營が增進せしに基くものであり、又市民もその負擔增加に對して何ら格段なる問題としないのである。要するに大連市の全機構が躍進するに伴ふて、市財政の膨脹を呈し、歲計が漸次に擴大しつゝありと見るべきである。大正四年度以降の一般會計及特別會計に屬する歲入出決算額は次の如くである。

一般會計

年度	歲入	歲出	剩餘金
大正四年度	六八、〇八〇円二〇	六二、三三六円九七	五、七四三円二三

大正五年度	一二八、六五九	六七	一二二、四三一	九九	六、二二七	六八
大正六年度	一二七、一二一	一九	一二四、〇四五	六八	三、〇七五	五一
大正七年度	一六八、三八七	〇一	一四八、八〇二	七六	一九、五八四	二五
大正八年度	四〇七、八八一	四五	三七〇、一七四	三〇	三七、七〇七	一五
大正九年度	九三三、三一七	二八	八五六、六八一	八八	七六、六三五	四〇
大正十年度	七六六、八五八	七五	六八九、六七二	八六	七七、一八五	八九
大正十一年度	八一〇、九三五	〇二	七二九、七三〇	四九	八一、二〇四	五三
大正十二年度	七二六、六八〇	一四	六五一、一三二	七〇	七五、五四七	四四
大正十三年度	七九〇、六六六	〇四	七六三、六九二	〇九	二六、九七三	九五
大正十四年度	八〇二、二八〇	九一	七九九、四〇三	五八	二、八七七	三三
大正十五年 昭和元年度	一、一三九、六五二	七六	一、〇二六、七五七	六八	一一二、八九五	〇八
昭和二年度	一、一二六、八五九	一三	一、〇六六、五六二	八二	六〇、二九六	三一
昭和三年度	一、二二四、七六二	四一	一、一五一、四〇三	〇八	七三、三五九	三三
昭和四年度	一、二三一、九一六	五七	一、一四五、一五七	六二	八六、七五八	九五
昭和五年度	一、一五一、七一一	六七	九九四、二三九	八四	一五六、八三一	八三
昭和六年度	一、一〇五、〇一二	一五	九七三、二一七	〇四	一三一、七九五	一一
昭和七年度	一、一八九、一九八	一一	一、〇八七、二二一	一四	一一一、九七六	九七
昭和八年度	一、四六二、八五三	八二	一、三三三、四三三	五八	一二九、四二〇	二四
昭和九年度	二、〇一五、三三八	四四	一、七八四、七九五	五六	二三〇、五四二	八八

特別會計

(一) 特別會計給水請負

年度	歳入	歳出	剰餘金
大正四年度	一六、四七二円五六	一四、二〇四円六一	二、二六七円九五

（備考） 剰余金ハ大正五年度一般會計ニ繰越

(二) 特別會計基本財産

年度	歳入	歳出	剰餘金
大正七年度	五、八四六円〇九	五、八四六円〇九	
大正八年度	一、四二六六六	一、四二六六六	
大正九年度	四七五六一	四七五六一	
大正十年度	一、〇三一三六	一、〇三一三六	
大正十一年度	一、三四七四〇	一、三四七四〇	
大正十二年度	七三七七〇	七三七七〇	
大正十三年度	一、三一九六七	一、三一九六七	
大正十四年度	八一九二四	八一九二四	
大正十五年・昭和元年度	一、九六五三一	一、一一〇〇〇	剰餘金蓄積 八五五円三一

昭和二年度	一、一一九 八五	一、一一九 八五		
昭和三年度	一、三二九 一六	一、一六五 〇〇	剰餘金蓄積	一六四 一六
昭和四年度	一、八五九 八二	一、六八八 〇〇	同	一七一 八二
昭和五年度	三、四九四 七七	二、八二八 〇〇	同	六六六 七七
昭和六年度	五、七一四 四六	五、三九一 〇〇	同	三二三 四六
昭和七年度	一一、二一九 九五	一一、二一九 九五		
昭和八年度	一〇、八七五 九八	九、六一一 〇〇	剰餘金蓄積	一、二六四 九八
昭和九年度	三七、七三四 五九	三六、六五九 〇〇	同	一、〇七五 五九

備考　歳出ハ基本財産造成費トシテ財産ニ蓄積其他一般會計歳計剰余金ノ百分ノ三十蓄積シ基本財産ノ現在高
一九五、一四三圓九三

（三）特別會計窮民救助費（救恤費）

年度	歳入	歳出	剰餘金
大正七年度	円 一二、八〇〇 一六	円 二、四九八 四九	円 一〇、三〇一 六七
大正八年度	一〇、八一九 八一	四二四 八〇	一〇、三九五 〇一
大正九年度	一一、五五五 二八	一、二二二 一一	一〇、三三三 一七
大正十年度	一一、九〇六 〇一	一、六九八 二〇	一〇、二〇七 八一
大正十一年度	一〇、七二五 二六	八七二 〇四	九、八五三 二二
大正十二年度	一一、一六二 八一	六、九九四 八七	四、一六七 九四

備考　本會計剰餘金ヲ大正十三年度一般會計臨時部ニ繰入レ大正十二年度限本會計廢止セリ

（四）　特別會計臨時防疫費

年度	歳入	歳出	剰餘金
大正八年度	一二三、九五五円五九	九九、七三八円二八	二四、二一七円三一

備考　本會計ハ年度内ニ廢止シタルヲ以テ大正八年度一般會計ニ剰餘金ヲ繰入レタリ

（五）　特別會計大連市立商工學校

年度	歳入	歳出	剰餘金
大正九年度	二〇七、九五三円九六	四、二九一円四七	二〇三、六六二円四九
大正十年度	二一七、〇九六七二	一七八、七八七七二	三八、三〇九〇〇
大正十一年度	六三、八三〇四二	五八、六七〇七五	五、一五九六七
太正十二年度	四三、〇八七三〇	四三、〇八七三〇	

備考　本會計ハ大正十二年度限廢止シタリ

（六）　特別會計南山麓土地經營

年度	歳入	歳出	剰餘金
大正十年度	二三一、六七六円四六	八八、四八一円四〇	一四三、一九五円〇六

大正十一年度	九八四、五三四	六一	九二二、七〇一	六一	六一、八三三	〇〇
大正十二年度	二七二、〇一五	三一	二一七、七四〇	〇〇	五四、二七五	三一
大正十三年度	二四二、六八九	六五	一九九、七六〇	〇〇	四二、九二九	六五
大正十四年度	二五五、二一六	一六	一九七、二二〇	〇〇	五七、九九六	一六
大正十五年・昭和元年度	一一五、〇七五	二八	四七、三八五	〇〇	六七、六九〇	二八
昭和二年度	七一、六二一	五六	六、六五〇	〇〇	六四、九七一	五六
昭和三年度	七四、六一四	七二	四〇、八五〇	〇〇	三三、七六四	七二

備考　剰餘金三三、七六四圓七二ハ昭和四年度市營住宅特別會計ヘ繰入タリ（尚本年度歳出繰替金ヲ以テ四〇、〇〇〇圓一般會計ヘ繰替昭和四年度ニ於テ四〇、〇〇〇ヲ一般會計ヨリ市營住宅會計ヘ繰入レタリ）本會計ハ昭和三年度限廢止セリ

（七）特別會計市營住宅經營

年度	歳入		歳出		剰餘金	
大正十一年度	三九一、九三六円	八八	二四一、〇三七円	九四	一五〇、八九八円	九四
大正十二年度	三二四、三六三	〇〇	三二四、〇九五	八〇	二六七	二〇
大正十三年度	三七七、二八五	〇四	一五二、二六五	〇三	二二五、〇二〇	〇一
大正十四年度	四七七、一七五	六七	一〇〇、七三三	七六	三七六、四四一	九一
大正十五年・昭和元年度	五二三、五八四	三一	三八四、三八四	六六	一三九、一九九	六五
昭和二年度	三二九、七七四	〇五	二六五、八九二	二〇	六三、八八一	八五
昭和三年度	二〇四、八八〇	〇六	一三三、六八二	九〇	七一、一九七	一六

年度	歳入	歳出	剰餘金
昭和四年度	二八八、五五三・一一	一九六、九〇三・六二	九一、六四九・四九
昭和五年度	四三二、四五三・六六	二八一、三二五・五四	一五一、一二八・一二
昭和六年度	二八五、七二七・七一	二三四、八六二・七七	五〇、八六四・九四
昭和七年度	七四九、〇三二・九八	七四九、〇三二・九八	
昭和八年度	一四五、一九六・五〇	一四〇、四一二・五四	四、七八三・九六
昭和九年度	一四一、三三八・八五	一二八、五五六・六七	一二、七八二・一八

（八）特別會計大連勸業博覽會

年度	歳入	歳出	剰餘金
大正十三年度	円 二〇、〇〇〇・〇〇	円 一二、三二六・八六	円 七、六七三・一四
大正十四年度	四二七、五〇六・七六	四〇四、三二七・一七	二三、一七九・五九

備考　本會計剰餘金ハ大正十五年度一般會計ニ繰入レ本會計ハ大正十四年限廢止セリ

（九）特別會計質舗經營

年度	歳入	歳出	剰餘金
大正十五年 昭和元年度	円 一〇六、八一二・二七	円 三〇、五五三・一七	円 七六、二五九・一〇
昭和二年度	一四五、〇二二・七五	七九、〇八五・四二	六五、九三七・三三
昭和三年度	一五〇、五二二・〇七	九七、八三四・五〇	五二、六八七・五七

年度	歳入	歳出	剰余金
昭和四年度	一五四、三四五.〇六	一一五、九九〇.六一	三八、三五四.四五
昭和五年度	一五三、二四六.三〇	一三三、四一二.二〇	一九、八三四.一〇
昭和六年度	一六二、三〇七.三〇	一二七、四九一.六三	三四　八一五.六七
昭和七年度	一八八、五九九.七〇	一五四、六七八.一二	三三、九二一.五八
昭和八年度	一九八、九一五.二七	一六七、二三三.七〇	三一、六八一.五七
昭和九年度	一六九、三二八.〇〇	一三三、四五九.六三	三五、八六八.三七

（十）特別會計恩賜基本財産

年度	歳入	歳出	剰余金	
大正十五年度 昭和元年度	円 五七七.二〇	円 五〇〇.〇〇	剰余金蓄積	円 七七.二〇
昭和二年度	一三五.〇五	一三一.〇〇	同	四.〇五
昭和三年度	三四九.五七	九〇.九六	同	二五八.六一
昭和四年度	三四九.八二	一〇九.〇〇	同	二四〇.八二
昭和五年度	一、一一六.一八	二三一.〇〇	同	八八五.一八
昭和六年度	五九九.五三	五九九.五三		
昭和七年度	九一九.二八	八六三.〇〇	剰余金蓄積	五六.二八
昭和八年度	一、四四七.六一	一、〇九〇.〇〇	同	三五七.六一
昭和九年度	一、二九八.四二	一、二〇二.〇〇	同	九六.四二

備考　恩賜基本財産蓄積金現在高三一、九〇四圓二八

（十一）特別會計吏員退職死亡給與金

年度	歳入	歳出	剰餘金
昭和六年度	二五、一三〇円九八	二三、五五九円〇〇	一、五七一円九八
昭和七年度	七五、〇一二　九九	七四、三二五　〇〇	六八七　九九
昭和八年度	二四、二三七　三一	二四、二二二　〇〇	一五　三一
昭和九年度	二〇、〇二二　六六	一四、六八九　〇〇	五、三三三　六六

（十二）特別會計中央卸賣市場經營

年度	歳入	歳出	剰餘金
昭和七年度	九七一、六〇八円九九	九五七、四八九円二九	一四、一一九円七二
昭和八年度	一、八五九、五七一　三五	一、八三四、二七一　九九	二五、二九九　三六
昭和九年度	一、八六五、八九二　九〇	一、八一三、〇三四　二〇	五二、八五八　七〇

（十三）特別會計大連市催滿洲大博覽會

年度	歳入	歳出	剰餘金
昭和七年度	五〇、〇〇〇円〇〇	二九、八七七円三七	二〇、一二二円六三

昭和八年度	七五二、〇一四 二八	七四八、三三七 八二	三、六七六 四六
遞次繰越金 昭和八年度	二〇、一二二 六三	一八、三二七 五七	一、七九五 〇六

備考　八年度剰餘金三、六七六圓四六及遞次繰越金剰餘金一、七九五圓〇六ハ昭和九年度一般會計ヘ繰入レ本會計ハ昭和八年度限廢止セリ

尚ほ大正十三年關東州市制が施行せられて大連市政に劃期的改正が行はれた際に於ける大連市歳入出豫算及決算と昭和十年度豫算とを對照して如何に大連市政の一大飛躍を示せるかを左に表示する。

大正十三年度大連市歳入歳出豫算決算

歳入

經常部

科目 款	科目 項	豫算額	決算額
一、賦課金		円 四五〇、〇〇〇 〇〇	円 四四七、六三二 六八
	一、戸別割	四五〇、〇〇〇 〇〇	四四七、六三二 六八
二、使用料及手數料		三三、八一八 〇〇	三三、〇七三 六九
	一、授業料	二三、八六四 〇〇	二一、四一一 七九
	二、手數料	九、九五四 〇〇	一一、六六一 九〇
三、給水收入		四五、四二〇 〇〇	三九、一九三 〇〇
	一、給水收入	四五、四二〇 〇〇	三九、一九三 〇〇

科目 款	項	豫算額	決算額
四、雜收入		五一、一二〇 〇〇	五八、三四四 一三
	一、物品賣拂代	三九、四〇〇 〇〇	四六、一二二 二〇
	二、雜收入	一一、七二〇 〇〇	一二、二二一 九三
五、繰越金		七四、五三四 〇〇	七五、五四七 四四
	一、繰越金	七四、五三四 〇〇	七五、五四七 四四
六、關東廳補助金		一三、〇〇〇 〇〇	一三、〇〇〇 〇〇
	一、關東廳補助金	一三、〇〇〇 〇〇	一三、〇〇〇 〇〇
七、特別賦課金		五七、八六四 〇〇	四八、三六六 五〇
	一、特別賦課金	五七、八六四 〇〇	四八、三六六 五〇
八、社會事業收入		一、八一一 〇〇	一、三四〇 六六
	一、社會事業收入	一、八一一 〇〇	一、三四〇 六六
經常部計		七二七、五六七 〇〇	七一六、四九八 一〇

歳入

臨時部

科目 款	項	目	豫算額	決算額
一、關東廳補助金			四〇、〇〇〇円 〇〇	四〇、〇〇〇円 〇〇

款	項	豫算額（円）	（銭）	決算額（円）	（銭）
二、繰入金	一、關東廳補助金	四〇、〇〇〇	〇〇	四〇、〇〇〇	〇〇
		三四、〇〇〇	〇〇	三四、一六七	九四
	一、繰入金	三四、〇〇〇	〇〇	三四、一六七	九四
臨時部計		七四、〇〇〇	〇〇	七四、一六七	九四
合計		八〇一、五六七	〇〇	七九〇、六六六	〇四

歳出

經常部

科目 款	科目 項	豫算額（円）	（銭）	決算額（円）	（銭）
一、役所費		一二七、一〇四	〇〇	一二一、三二九	九九
	一、報酬	二、六三五	〇〇	二、六三四	三九
	二、給料	三四、七五〇	〇〇	三一、三八三	九二
	三、雜給	六六、九五六	〇〇	六三、二四二	〇六
	四、需用費	二二、一六三	〇〇	二三、五一七	八一
	五、修繕費	六〇〇	〇〇	五五一	八一
二、會議費		二、六二六	〇〇	二、六一〇	八四
	一、會議費	二、六二六	〇〇	二、六一〇	八四
三、教育費		二二三、五七五	〇〇	二一五、三〇五	五二

	一、高等女學校費	九一、六六九	○○	八七、八五一	九七
	二、商工學校費	一四、一一五	○○	一三、○一八	八三
	三、小學校費	八九、九二五	○○	八九、三二五	一六
	四、公學堂費	二七、八六六	○○	二五、一○九	五六
四、衞生費		二二六、三六九	○○	二二一、五四六	六四
	一、諸給與	六五、二五一	○○	六二、五八○	五二
	二、作業費	一六○、四一八	○○	一五八、四○八	五七
	三、修繕費	七○○	○○	五五七	五五
五、社會事業費		一七、五九二	○○	一五、九三二	○
	一、諸給與	七、三○九	○○	六、八一七	六六
	二、需用費	三、二八三	○○	二、四○七	四一
	三、運動奬勵費	二、○○○	○○	一、九九一	三八
	四、救助費	五、○○○	○○	四、七一五	七五
六、給水費		三四、五六○	○○	三○、三○二	三一
	一、諸給與	一二、七九六	○○	一二、四○四	一三
	二、需用費	二一、七六四	○○	一七、八九八	一八
七、豫備費		五、○○○	○○	—	—
	一、豫備費	五、○○○	○○	—	—
經常部計		六三六、八二六	○○	六○七、○二七	五○

歳出

臨時部

科目 款	科目 項	豫算額	決算額
一、營繕費		円 二〇、六九九〇〇	円 一〇、九四二七〇
	一、營繕費	二〇、六九九〇〇	一〇、九四二七〇
二、負債償却費		一一〇、六一七〇〇	一一〇、四〇二〇三
	一、負債償却費	一一〇、六一七〇〇	一一〇、四〇二〇三
三、補助費		二八、四二五〇〇	二八、四二五〇〇
	一、補助費	二八、四二五〇〇	二八、四二五〇〇
四、選擧費		三、〇〇〇〇〇	六、五九四八六
	一、選擧費	三、〇〇〇〇〇	六、五九四八六
五、調査費		二、〇〇〇〇〇	三〇〇〇〇
	一、調査費	二、〇〇〇〇〇	三〇〇〇〇
臨時部計		一六四、七四一〇〇	一五六、六六四五九
合計		八〇一、五六七〇〇	七六三、六九二〇九

大正十三年度特別會計基本財産歳入歳出豫算決算

歳入

科目 款	科目 項	豫算額	決算額
一、財産收入		円 七九三・〇〇	円 八一九・六七
	一、財産收入	七九三・〇〇	八一九・六七
二、寄附金		二〇七・〇〇	五〇〇・〇〇
	一、寄附金	二〇七・〇〇	五〇〇・〇〇
合計		一、〇〇〇・〇〇	一、三一九・六七

歳出

科目 款	科目 項	豫算額	決算額
一、基本財産蓄積金		円 一、〇〇〇・〇〇	円 一、三一九・六七
	一、基本財産蓄積金	一、〇〇〇・〇〇	一、三一九・六七
合計		一、〇〇〇・〇〇	一、三一九・六七

大正十三年度特別會計南山麓土地經營歲入歲出豫算決算

歲入

科目 款	科目 項	豫算額	決算額
一、土地賣却代		円 二〇三、六九三 〇〇	円 一八二、八四一 三〇
	一、土地賣却代	二〇三、六九三 〇〇	一八二、八四一 三〇
二、雜收入		三、八六六 〇〇	五、五七三 〇四
	一、雜收入	三、八六六 〇〇	五、五七三 〇四
三、繰越金		六二、〇六八 〇〇	五四、二七五 三一
	一、繰越金	六二、〇六八 〇〇	五四、二七五 三一
合計		二六九、六二七 〇〇	二四二、六八九 六五

歲出

科目 款	科目 項	豫算額	決算額
一、繰替金		円 一八七、五〇〇 〇〇	円 一四七、五〇〇 〇〇
	一、繰替金	一八七、五〇〇 〇〇	一四七、五〇〇 〇〇
二、利子		二二、二六〇 〇〇	二二、二六〇 〇〇

款	項	豫算額	決算額
	一、利子	二二、二六〇.〇〇	二二、二六〇.〇〇
三、豫備費		二九、八六七.〇〇	―
	一、豫備費	二九、八六七.〇〇	―
四、繰替金		三〇、〇〇〇.〇〇	三〇、〇〇〇.〇〇
	一、繰替金	三〇、〇〇〇.〇〇	三〇、〇〇〇.〇〇
合計		二六九、六二七.〇〇	一九九、七六〇.〇〇

大正十三年度市營住宅經營歳入歳出豫算決算

歳入

科目 款	科目 項	豫算額	決算額
一、繰入金		円 三四五、〇〇〇.〇〇	円 三〇五、〇〇〇.〇〇
	一、繰入金	三四五、〇〇〇.〇〇	三〇五、〇〇〇.〇〇
二、家賃收入		六四、八一三.〇〇	六七、八六八.〇三
	一、家賃收入	六四、八一三.〇〇	六七、八六八.〇三
三、繰越金		一、〇〇〇.〇〇	二六七.二〇
	一、繰越金	一、〇〇〇.〇〇	二六七.二〇
四、雜收入		七、二五五.〇〇	四、一四九.八一

款	項	豫算額（円）	（銭）	決算額（円）	（銭）
	一、雜收入	七、二五五	〇〇	四、一四九	八一
五、關東廳補助金		三、〇〇〇	〇〇	―	―
	一、關東廳補助金	三、〇〇〇	〇〇	―	―
合計		四二一、〇六八	〇〇	三七七、二八五	〇四

歳出

款	項	豫算額（円）	（銭）	決算額（円）	（銭）
一、建築費		二二五、〇〇〇	〇〇	八〇、七〇三	一七
	一、建築費	二二五、〇〇〇	〇〇	八〇、七〇三	一七
二、修繕費		六、六二四	〇〇	五、五三九	四七
	一、修繕費	六、六二四	〇〇	五、五三九	四七
三、雜費		六、五二八	〇〇	七、二八二	三九
	一、雜費	六、五二八	〇〇	七、二八二	三九
四、負債償却費		三三、七四〇	〇〇	三三、七四〇	〇〇
	一、負債償却費	三三、七四〇	〇〇	三三、七四〇	〇〇
五、積立金		二五、〇〇〇	〇〇	二五、〇〇〇	〇〇
	一、積立金	二五、〇〇〇	〇〇	二五、〇〇〇	〇〇

款	項	豫算額	決算額
六、豫備費		四、一七六 〇〇	—
	一、豫備費	四、一七六 〇〇	—
合計		三〇一、〇六八 〇〇	一五二、二六五 〇三

大正十三年度大連勸業博覧會歳入歳出豫算決算

歳入

款	項	豫算額	決算額
一、寄附金		二七、〇〇〇 〇〇	二〇、〇〇〇 〇〇
	一、寄附金	二七、〇〇〇 〇〇	二〇、〇〇〇 〇〇
合計		二七、〇〇〇 〇〇	二〇、〇〇〇 〇〇

歳出

款	項	豫算額	決算額
一、大連勸業博覧會費		二七、〇〇〇 〇〇	一二、三二六 八六
	一、建築費	一、一〇〇 〇〇	三 八〇
	二、諸給與	九、五〇〇 〇〇	二、七一二 一八

三、需用費	一六、四〇〇〇〇	九、六一〇八八
合計	二七、〇〇〇〇〇	一二、三二六八六

昭和十年度大連市歳入歳出豫算

歳入

經常部

第一款　使用料及手數料	二三四、一七一圓
第一項　使用料	二一七、三六一圓
第二項　手數料	一六、八一〇圓
第二款　補助金	二五、九〇〇圓
第一項　關東局補助金	二五、九〇〇圓
第三款　繰越金	二〇、一〇〇圓
第一項　前年度繰越金	二〇、一〇〇圓
第四款　財産賣拂代	三、六四四圓
第一項　物件賣拂代	三、六四四圓
第五款　繰入金	六、六〇〇圓
第一項　繰入金	六、六〇〇圓
第六款　雜收入	一一七、六三五圓
第一項　汚物處分收入	七四、三三五圓
第二項　給水收入	三五、六五〇圓
第三項　雜入	七、六五〇圓
第七款　市税	一、六五三、一七九圓
第一項　戸別割	一、四四六、四七九圓
第二項　不動産取得税附加税	二〇、〇〇〇圓
第三項　特別税貸家税	二〇、〇〇〇圓
第四項　特別税諸車使用税	三四、五〇〇圓
第五項　特別税遊興税	一二〇、〇〇〇圓
第六項　特別税歡興税	一二、〇〇〇圓
第七項　特別税出張販賣税	二〇〇圓
經常部計	二、〇六一、二二九圓

歳入

臨時部

第一款　寄附金	八〇〇圓
第一項　寄附金	八〇〇圓
第二款　繰入金	二〇、二一〇圓
第一項　繰入金	二〇、二一〇圓
第三款　借入金	六九六、〇〇〇圓
第一項　借入金	六九六、〇〇〇圓
臨時部計	七一七、〇一〇圓

合計	二、七七八、二三九圓
歳出	
經常部	
第一款 神社費	一六〇圓
第一項 神饌幣帛料	一六〇圓
第二款 市役所費	三〇六、六一二圓
第一項 給料	一〇九、三九六圓
第二項 雜給	一五一、七四〇圓
第三項 需用費	四三、六七六圓
第四項 修繕費	一、八〇〇圓
第三款 會議費	二〇、八三七圓
第一項 費用辨償	一三、二五〇圓
第二項 給料	一、二〇〇圓
第三項 雜給	二、九四二圓
第四項 需用費	三、三四五圓
第五項 修繕費	一〇〇圓
第四款 中學校費	一〇六、七五三圓
第一項 給料	四三、四〇九圓
第二項 雜給	一九、七〇九圓
第三項 需用費	四三、四三五圓
第四項 修繕費	二〇〇圓
第五款 高等女學校費	一二四、四九七圓
第一項 給料	七二、〇三八圓
第二項 雜給	二一、一九八圓
第三項 需用費	二六、〇三七圓
第四項 修繕費	五、二二四圓
第六款 實業學校費	八二、〇一〇圓
第一項 給料	三八、三一四圓
第二項 雜給	一七、一一五圓
第三項 需用費	二五、〇四五圓
第四項 修繕費	一、五三六圓
第七款 協和實業學校費	三七、七二三圓
第一項 給料	一五、二九八圓
第二項 雜給	七、〇六五圓
第三項 需用費	一五、二六〇圓
第四項 修繕費	一〇〇圓
第八款 小學校費	一四一、五〇九圓
第一項 需用費	一四一、五〇九圓
第九款 公學堂費	四五、〇〇二圓
第一項 需用費	四五、〇〇二圓
第十款 教育諸費	一〇、六六五圓
第一項 教育諸費	一〇、六六五圓

第十一款　給水費	三一、一四四圓
第一項　給料	八、二七四圓
第二項　雜給	七、四〇四圓
第三項　需用費	一五、四六六圓
第十二款　衞生費	四九八、一一一圓
第一項　給料	二九、八四四圓
第二項　雜給	八一、一五二圓
第三項　需用費	九、八七七圓
第四項　人夫馬匹費	二六九、九二九圓
第五項　衞生諸費	一〇五、〇八九圓
第六項　修繕費	二、二二〇圓
第十三款　屠獸場費	二六、二一六圓
第一項　給料	三、四二四圓
第二項　雜給	一二、九七五圓
第三項　需用費	二、六七六圓
第四項　事業用諸品費	四、八四一圓
第五項　修繕費	二、三〇〇圓
第十四款　火葬場及墓地費	一四、〇七八圓
第一項　給料	一、五八四圓
第二項　雜給	三、〇三五圓
第三項　需用費	一、六八七圓
第四項　燃料費	五、一〇三圓
第五項　修繕費	二、五六九圓
第十五款　職業紹介所費	二五、二八〇圓
第一項　給料	二、六二〇圓
第二項　雜給	一三、三六六圓
第三項　需用費	八、〇九四圓
第四項　修繕費	一、二〇〇圓
第十六款　救助費	二二、七二〇圓
第一項　貧困者救助費	三、六〇〇圓
第二項　行路病者救助費	一九、一二〇圓
第十七款　公園費	三八、九〇八圓
第一項　給料	一、三二〇圓
第二項　雜給	九、三〇一圓
第三項　需用費	一、三七三圓
第四項　維持費	二一、五九九圓
第五項　管理費	四、三四三圓
第六項　修繕費	九七二圓
第十八款　街燈費	三五、六五八圓
第一項　管理費	三五、六五八圓
第十九款　社會事業諸費	八、五九〇圓
第一項　社會事業諸費	八、五九〇圓

第二十款　小賣市場費　一六、七六四圓
第一項　給料　二、二三二圓
第二項　雜給　五、二六八圓
第三項　需用費　二、二五五圓
第四項　修繕費　四、八八七圓
第五項　市場諸費　二、一一二圓
第二十一款　產業諸費　九、七一〇圓
第一項　產業諸費　九、七一〇圓
第二十二款　防護費　七、〇四四圓
第一項　雜給　二、二一九圓
第二項　需用費　一、四二五圓
第三項　訓練及宣傳費　三、四〇〇圓
第二十三款　繰替金　二〇、〇〇〇圓
第一項　繰替金　二〇、〇〇〇圓
第二十四款　雜支出　四九、六六〇圓
第一項　滯納處分費　五〇圓
第二項　過年度支出　五〇圓
第三項　交付金　五、三四〇圓
第四項　納稅奬勵金　一七、六〇〇圓
第五項　招魂祭費　一、九〇〇圓
第六項　雜支出　二四、七二〇圓
第二十五款　豫備費　一五、〇〇〇圓
第一項　豫備費　一五、〇〇〇圓
經常部計　一、六九四、六五一圓

歲出

臨時部

第一款　營繕費　六三二、六七三圓
第一項　中學校營繕費　一一、三〇〇圓
第二項　高等女學校營繕費　一、九五〇圓
第三項　實業學校營繕費　三、七〇〇圓
第四項　衞生ニ關スル營繕費　一三、六〇〇圓
第五項　屠獸場營繕費　一、九〇四圓
第六項　公設厠營繕費　五、八〇〇圓
第七項　小賣市場建築費　四〇〇、〇〇〇圓
第八項　市場營繕費　四、二四九圓
第九項　兒童遊園新設費　一一、二〇〇圓
第十項　協和實業學校建築費　一七〇、〇〇〇圓
第十一項　海濱聚落建設費　八、九七〇圓
第二款　中學校營繕費昭和十年度支出額　二三二、〇〇〇圓
第一項　中學校營繕費　二三二、〇〇〇圓
第三款　公園改良費　三〇、〇〇〇圓
第一項　公園改良費　三〇、〇〇〇圓

第四款　煤煙防止費	一〇、八六六圓
第一項　雜給	三、五〇六圓
第二項　需用費	八〇〇圓
第三項　事業費	六、五六〇圓
第五款　市政二十周年記念費	二九、〇一〇圓
第一項　市政二十周年記念費	二九、〇一〇圓
第六款　補助費	八九、五〇〇圓
第一項　神社補助	九、六〇〇圓
第二項　教育費補助	七三、二〇〇圓
第三項　社會事業補助	六、二〇〇圓
第四項　警備費補助	五〇〇圓
第七款　訴訟費	六七五圓
第一項　訴訟費	六七五圓
第八款　公債費	二二、三五〇圓
第一項　年賦償還	一三、〇八三圓
第二項　利子償還	九、三一四圓
第九款　利子	一一、六六七圓
第一項　利子	一一、六六七圓
第十款　繰戻金	二四、八〇〇圓
第一項　元金繰戻金	二〇、〇〇〇圓
第二項　利子繰戻金	四、八〇〇圓
臨時部計	一、〇八三、五八八圓
合計	二、七七八、二三九圓

昭和十年度大連市特別會計基本財產歲入歲出豫算

歲入

第一款　財產ヨリ生スル收入	五、七三六圓
第一項　基本財產收入	五、七三六圓
第二款　寄附金	二〇〇圓
第一項　寄附金	二〇〇圓
第三款　繰入金	四六、九〇〇圓
第一項　繰入金	四六、九〇〇圓
合計	五二、八三六圓

歲出

第一款　基本財產造成費	五二、八三六圓
第一項　基本財產造成費	五二、八三六圓
合計	五二、八三六圓

昭和十年度大連市特別會計恩賜基本財產歲入歲出豫算

歲入

第一款　財產ヨリ生スル收入	一、一〇二圓
第一項　恩賜基本財產收入	一、一〇二圓
第二款　寄附金	二〇〇圓
第一項　寄附金	二〇〇圓

合計　一、三〇二圓

歳出

第一款　表彰費　四五圓

第一項　表彰費　四五圓

第二款　基本財産造成費　一、二五七圓

第一項　恩賜基本財産造成費　一、二五七圓

合計　一、三〇二圓

昭和十年度大連市特別會計市營住宅經營歳入歳出豫算

歳入

經常部

第一款　使用料　一四三、三七一圓

第一項　使用料　一四三、三七一圓

第二款　繰越金　一〇、二〇〇圓

第一項　繰越金　一〇、二〇〇圓

第三款　雜收入　三、〇九九圓

第一項　雜收入　三、〇九九圓

經常部計　一五六、六七〇圓

歳入

臨時部

第一款　借入金　二八〇、〇〇〇圓

第一項　借入金　二八〇、〇〇〇圓

臨時部計　二八〇、〇〇〇圓

合計　四三六、六七〇圓

歳出

經常部

第一款　修繕費　二一、九七四圓

第一項　修繕費　二一、九七四圓

第二款　雜費　二〇、九七三圓

第一項　雜費　二〇、九七三圓

第三款　繰戻金　五、三〇〇圓

第一項　繰戻金　五、三〇〇圓

第四款　繰替金　六、六〇〇圓

第一項　繰替金　六、六〇〇圓

第五款　豫備費　一八、一七七圓

第一項　豫備費　一八、一七七圓

經常部計　七三、〇二四圓

歳出

臨時部

第一款　營繕費　二八〇、六五〇圓

第一項　營繕費　二八〇、六五〇圓

第二款　公債費　七七、二七九圓

第一項　公債費　七七、二七九圓

第三款　利子　五、七一七圓
第一項　利子　五、七一七圓
臨時部計　三六三、六四六圓
合計　四三六、六七〇圓

昭和十年度大連市特別會計質舗經營歲入歲出豫算

歲入

經常部

第一款　質舗收入　二〇一、四三三圓
第一項　事業收入　一六七、七七五圓
第二項　繰越金　三三、〇〇〇圓
第三項　雜收入　六五八圓
合計　二〇一、四三三圓

歲出

經常部

第一款　質舗費　二〇一、四三三圓
第一項　事務費　七、〇三九圓
第二項　貸付金　一五〇、〇〇〇圓
第三項　公債費　九、六一八圓
第四項　修繕費　一二〇圓
第五項　豫備費　三四、六五六圓
經常部計　二〇一、四三三圓
合計　二〇一、四三三圓

昭和十年度大連市特別會計吏員退職死亡給與金歲入歲出豫算

歲入

第一款　繰入金　二〇、〇〇〇圓
第一項　繰入金　二〇、〇〇〇圓
第二款　繰越金　七、〇〇〇圓
第一項　繰越金　七、〇〇〇圓
第三款　雜收入　一三二圓
第一項　雜收入　一三二圓
合計　二七、一三二圓

歲出

第一款　退職死亡給與金　二七、一三二圓
第一項　退職死亡給與金　二七、一三二圓
合計　二七、一三二圓

昭和十年度大連市特別會計中央卸賣市場經營歲入歲出豫算

歲入

經常部

第一款　賣上金　二、〇〇〇、〇〇〇圓
第一項　賣上金　二、〇〇〇、〇〇〇圓

第二款　使用料	一五、九七五圓
第一項　使用料	一五、九七五圓
第三款　繰越金	三五、〇〇〇圓
第一項　繰越金	三五、〇〇〇圓
第四款　雜收入	五〇〇圓
第一項　雜收入	五〇〇圓
經常部計	二、〇五一、四七五圓

歲入

臨時部

第一款　借入金	三〇〇、〇〇〇圓
第一項　借入金	三〇〇、〇〇〇圓
臨時部計	三〇〇、〇〇〇圓
合計	二、三五一、四七五圓

歲出

經常部

第一款　卸賣市場費	九三、三六九圓
第一項　給料	一九、八四四圓
第二項　雜給	五〇、四六八圓
第三項　需用費	二〇、五一〇圓
第四項　借地料	二、二四七圓
第五項　修繕費	三〇〇圓
第二款　仲買人歩戻	三二、〇〇〇圓
第一項　仲買人歩戻	三二、〇〇〇圓
第三款　決濟資金利子	三、一六八圓
第一項　決濟資金利子	三、一六八圓
第四款　雜損金	七五〇圓
第一項　雜損金	七五〇圓
第五款　荷主勘定	一、八〇〇、〇〇〇圓
第一項　荷主勘定	一、八〇〇、〇〇〇圓
第六款　豫備費	三、六六三圓
第一項　豫備費	三、六六三圓
經常部計	一、九三二、九五〇圓

歲出

臨時部

第一款　繰戻金	一六、八〇〇圓
第一項　繰戻金	一六、八〇〇圓
第二款　利子	六、一二五圓
第一項　利子	六、一二五圓
第三款　償還金	五、〇〇〇圓
第一項　償還金	五、〇〇〇圓
第四款　營繕費	三〇〇、〇〇〇圓
第一項　營繕費	三〇〇、〇〇〇圓

第五款　奬勵金　四〇、六〇〇圓
　第一項　奬勵金　四〇、六〇〇圓
臨時部計　三六八、五二五圓
合　計　二、三〇一、四七五圓

一、昭和十年度大連市歳入歳出追加更正豫算

歳入

經常部

第七款　市稅　一、七五七、八三二圓
　第一項　戸別割　一、五五一、一三二圓
經常部計　二、一六五、八八二圓

臨時部

第三款　借入金　六一六、〇〇〇圓
　第一項　借入金　六一六、〇〇〇圓
臨時部計　六三七、〇一〇圓
合　計　二、八〇二、八九二圓

歳出

臨時部

第八款　公債費　二二、〇五〇圓
　第二項　利子償還　八、九六七圓
第十一款　公會堂建設準備費　二五、〇〇〇圓
　第一項　公會堂建設準備費　二五、〇〇〇圓
臨時部計　一、一〇八、二四一圓
合　計　二、八〇二、八九二圓

二、昭和十年度大連市歳入歳出追加更正豫算

歳入

經常部

第三款　繰越金　七、〇〇〇圓
　第一項　前年度繰越金　七、〇〇〇圓
經常部計　七、〇〇〇圓
合　計　二、一七二、八八二圓

歳出

臨時部

第十二款　旅順攻略三十周年記念大祭參加費　七、〇〇〇圓
　第一項　旅順攻略三十周年記念大祭參加費　七、〇〇〇圓
臨時部計　一、一一五、二四一圓
合　計　二、八〇九、八九二圓

第二節　戸別割の賦課

大連市には收益を生ずる財産としては尙ほ未だ數ふるに足らざるものであり從つて使用料及手數料等其他の收入僅少なるを以て、市經費の大部分は之を市稅に俟たねばならないのである。而して市稅として賦課し得るは戸別割、關東州地方稅附加稅及特別稅の三種であつて、戸別割は市の歲入中の主位を占め、大正四年特別市制の實施せらるゝや、市規程を以て賦課規程及戸別割等級規定を制定し、市費の支辨に充つるため市規則第二條に依り市內に居住し生計を營むものに對し戸別割を賦課し、その等級を一等より三十等に分ちて負擔步合を定めたのであるが、大正五年二月、同六年三月、同九年三月、同十年四月に各改正を加へ、現行戸別割規則は昭和六年十月規則第二號を以て制定せられたのである。而して戸別割は關東州市制施行規則第六十二條に依り、市內に一戸を構ふもの及營業所を有する法人に對して之を賦課す但し一戸を構へざるも獨立の生計を營むものに之を賦課することを得、其納稅義務者の所得、資產、生計又は營業の狀況を斟酌し等差を設けて之を賦課するのである。

而して大正五年以來昭和十年度に至る約二十年間の戸別割負擔步合及賦課額を見るに、漸增の趨勢を辿りつゝあるも急激なる增加を示さゞることは、市政の運用に於て市民負擔の輕重を最も深く顧慮したゝめであるは勿論、その賦課調定に際しても累進法を加味して、市民の上層に厚く下層に薄くすることを本旨とした結果と云はねばならぬ。左に歷年の負擔步合及賦課額を示すことゝする。

各年度戸別割負擔步合及賦課額

年度別	賦課戸數	負擔步合	一戸當負擔步合	一戸當負擔金額	負擔步合一點當金額	總賦課額
大正五年	八、六八六	五三二、五六二	六一・三〇	五、七二五円	九三、七厘	四九、七三五、九四円
同六年	一二、七四六	五九三、三九五	四六・六〇	五、七二五	一一三、〇	六七、二三四、四七
同七年	一五、三六二	七八九、一一四	五一・四〇	五、一五七	一二三、二	九七、二八三、四八
同八年	一六、七二九	九〇二、六八九	五五・〇〇	六、三〇二	一一五、五	一〇五、七一五、五四
同九年	一七、九一七	一、五七三、七八三	八七・八〇	二四、一九〇	二七五、八	四三三、六七一、五〇
同十年	一八、一〇四	一、三八九、五一七	七六・八〇	二〇、〇二四	二六一、二	三六二、五一九、七二
同十一年	一八、三九八	一、六一八、三二一	八七・九〇	二三、八五九	二六〇、〇	四二〇、五六二、〇八
同十二年	一九、二八〇	一、六五九、三四六	八六・一〇	二一、七四九	二五三、〇	四一九、三二六、〇八
同十三年	一九、二六七	一、六六六、三三六	八六・五〇	二一、六〇四	二五〇、〇	四一六、二五二、八〇
同十四年	二六、二七九	一、九四〇、九八七	七三・九〇	一九、〇五七	二五八、三	五〇〇、八〇一、八〇
大正十五年昭和元年	二七、七六一	二、〇九二、四五八	七五・四〇	一九、二五〇	二六一、七	五三四、四〇九、二四
同二年	二九、二三一	二、二五〇、六六〇	七七・〇〇	一九、八〇四	二五七、四	五七八、八八〇、〇〇
同三年	三〇、四七三	二、四五三、一五九	八〇・五〇	二〇、四四二	二五四、二	六二三、九四三、九六
同四年	三一、二七五	二、七四九、二八一	八七・九一	二一、六四〇	二四六、四	六七六、七八八、七六
同五年	三三、一三六	二、八五六、一四五	八六・一九	一九、三六四	二三四、八	六四一、六四〇、九六
同六年	三二、九四〇	二、九九三、六八五	九〇・八八	一六、四四五	一八一、二	五四一、六八三、〇八

同七年	三一、六六九	四、〇一九、四二七	一三六九一	一八、九八三	一四九、七	六〇一、一七四、一六
同八年	三四、一一九	四、一五三、七二四	一三一・七四	二一、五三三	一七六、九	七三四、三四六、二八
同九年	三五、七五五	五、九八一、五九一	一六七・二九	三〇、一〇四	一八〇、〇	一、〇七六、四〇〇、九二
同十年	四二、〇七九	八、四五五、七四六	二〇〇・九五	三六、八七五	一八三、六	一、五五一、六九一、三六

尚ほ昭和十年度に於ける各國人別の戸別割賦課額、負擔歩合、負擔額比較、歩合比較は左表の如くである。

昭和十年度對前年度戸別割賦課額比較表

法人對個人比較

種別		昭和十年度 賦課戸數	昭和十年度 賦課額	昭和十年度 歩合	昭和十年度 一戸當	昭和九年度 賦課戸數	昭和九年度 賦課額	昭和九年度 歩合	昭和九年度 一戸當
法人	日本人	六七七	円 九二二、五〇二・一六	% 五九・四五	円 一、三六二・六三	―	―	―	―
	滿洲人	二〇	一八、二六四・四八	一・一八	九一三・二二	―	―	―	―
	外國人	二三	二一、七三九・六四	一・四〇	九四五・二〇	―	―	―	―
	計	七二〇	九六二、五〇六・二八	六二・〇三	一、三三六・八一	六四六	円 七一三、三七一・〇四	% 六六・二七	円 一、一〇四・八九
個人	日本人	二七、四九五	円 三一七、〇九三・五六	% 二〇・四四	円 一一・五三	二二、二九二	一八三、六〇一・八八	% 二五・〇〇	円 八・二三六
	滿洲人	一三、五八三	二六三、二三七・六〇	一六・九六	一九・三八	一一、〇六六	一一〇、〇一一・七六	一四・九八	九・九四一
	外國人	二八一	八、八五三・九二	・五七	三一・五一	一五六	四、七四四・四六〇	〇・六五	三〇、四一四
	計	四一、三五九	五八九、一八五・〇八	三七・九七	一四・二五	三五、一九〇	三六三、〇二九・八八	三三・七二	一〇、三一六

總計	四二、〇七九	一、五二一、六九一・三六円	一〇〇・〇〇%	三六・八七五円	三五、七五五	一、〇七六、四〇〇・九二円	一〇〇・〇〇%	三〇・一〇四円

昭和十年度對前年度戸別割負擔步合比較表

法人對個人比較

種別 ＼ 年度別		昭和十年度 賦課戸數	昭和十年度 負擔步合	昭和十年度 比率	昭和十年度 一戸當	昭和九年度 賦課戸數	昭和九年度 負擔步合	昭和九年度 比率	昭和九年度 一戸當
法人	日本人	六七七	五、〇二四、五九四	五九・四二%	七、四二一・八五點	—	—	—	—
	滿洲人	二〇	九九、四八二	一・一八	四、九七四・一〇	—	—	—	—
	外國人	一三	一一八、四一〇	一・四〇	五、一四八・二六	—	—	—	—
	計	七一〇	五、二四二、四八六	六二・〇〇	七、三八一・二三	六四六	三、九六三、二〇七	六六・二五%	六、一三四・九九點
個人	日本人	二七、四九五	一、七二九、七二四	二〇・四六%	六二・九一點	二三、八〇五	一、二〇六、五四九	二〇・一七%	五〇・六八點
	滿洲人	一三、五八三	一、四三五、二八二	一六・九七	一〇五・六七	一一、〇八五	七七八、一八五	一三・〇九	七〇・二〇
	外國人	二八一	四八、二五四	・五七	一七一・七三	二一九	三三、六五〇	五・六三	一五三・六五
	計	四一、三五九	三、二一三、二六〇	三八・〇〇	七七・六九	三五、一〇九	二、〇一八、三八四	三三・七四	五七・四九
總計		四二、〇七九	八、四五五、七四六	一〇〇・〇〇%	二〇〇・九五點	三五、七五五	五、九八一、五九一	一〇〇・〇〇%	一六七・二九點

總戸數に對する一戸當戸別割負擔額比較表
總人口に對する一人當戸別割負擔額比較表

種別＼區分	昭和十年度 賦課額	昭和十年度 總戸數	昭和十年度 一戸當	昭和十年度 總人口	昭和十年度 一人當	昭和九年度 賦課額	昭和九年度 總戸數	昭和九年度 一戸當	昭和九年度 總人口	昭和九年度 一人當
法人	九六二、五〇六・二八円	七二〇	—	—	—	七一三、三七一・〇四円	—	—	—	—
日本人	三一七、〇九三・五六	二六、五八六	一一・九三円	一三七、六五四	二・四八円	二二六、九七八・七二	二五、三二八	八・五六六円	一一九、一四三	一・八二二円
滿洲人	二六三、一三七・六〇	三四、三三六	七・六七	一九八、九一二	一・三三	一三九、九九六・〇八	三一、八九〇	四・三八九	一八八、〇〇三	七四四
外國人	八、八五三・九二	二六六	三三・二九	八六六	一〇・二二	六、〇五五・〇八	二二八	二六・五五七	七二六	八・三四〇
合計	一、五五一・六九一・三六	六一、九〇八	二五・〇六	三三七、四三二	四・七四	一、〇七六、四〇〇・九二	五七、四四六	一八・七三七	三〇七、八七二	三・四九六

總戸數に對する賦課戸數の歩合比載表

種別＼區分	昭和十年度 總戸數	昭和十年度 賦課戸數	昭和十年度 賦課歩合	昭和九年度 總戸數	昭和九年度 賦課戸數	昭和九年度 賦課歩合
日本人	二六、五八六	二八、一七二	一〇五・九七%	二五、三二八	二三、八〇五	九三・九八%
滿洲人	三四、三三六	一三、六〇三	三九・六二	三一、八九〇	一一、〇八五	三四・七六
外國人	二六六	三〇四	一一四・二八	二二八	二一九	九六・〇五
計	六一、一八八	四二、〇七九	六八・七七	五七、四四六	三五、一〇九	六一・一一

第三節　附加稅及特別稅

大連市に於ける市稅の項目に於て附加稅と稱するは、關東州地方稅に對する附加稅であつて、大正九年三月市規程に依る大連市特別賦課不動産に關する權利移轉稅附加稅、大正十二年三月市規程に依る特別賦課不動產に關する權利取得稅附加稅及昭和五年十月市規則にて改正されたる大連市不動產取得稅附加稅を指示するのである。本附加稅は大正九年四月より實施せられ大連民政署に於て本稅徵收の際附加稅をも徵收して大連市に交附してゐる。而して大正九年度以降の徵收濟決算額は次の如くである。

年度	金額	年度	金額	年度	金額
大正九年度	二三、四四三.五〇円	大正十年度	一三、六六二.七四円	大正十一年度	二〇、四四九.〇六円
同十二年度	一一、二九六.五二	同十三年度	四、七六三.一一	同十四年度	五、二〇四.〇六
大正十五 昭和元年度	一三、九七一.一三	昭和二年度	二五、七九九.七四	昭和三年度	二五、六〇三.五四
昭和四年度	一五、八一〇.三七	同五年度	一四、七一九.六三 七、〇〇七.七四	同六年度	一一五.〇〇 一六、三六七.九九
同七年度	一、三四四.二五 一六、三六七.九九	同八年度	二四、〇一四.四四	同九年度	二〇、四七六.九九

昭和五年度以降に於て不動產に關する權利取得稅附加稅を不動產取得稅附加稅と改稱したるを以て五、六、七の三年度に亙る徵收の兩項に亙れるは過年度收入に屬するものを示したのである。

特別稅は大正八年三月市規程第三六號を以て制定したる特別稅賦課規程に依り遊興稅を徵收したもので、その賦課方法は市內に於ける貸席業、料理店業、貸座敷業を營む者を納稅義務者とし、藝妓、酌婦及娼妓の花代に對して藝妓にありては百分の二、酌婦及娼妓には百分の一を課したものであるが、大正十四年四月新たに特別稅遊興稅を定めて之れに代ふることゝし五月一日より實施した。新遊興稅は市內にて藝妓、幇間、俳優、娼妓、酌婦等を招き遊興をなしたる者を以て納稅義務者となし、料理店、貸席又は貸座敷に於て遊興をなしたる場合は當該營業者、その他の場合は藝妓、幇間、俳優、娼妓、酌婦の供給をなしたるものを其徵收義務者となし、藝妓、幇間又は俳優を招きたる場合は花代の百分の四、娼妓又は酌婦の場合は花代の百分の一を賦課することゝし、隨時之を徵收せしめ翌月市に拂込ましむると共に、特別の事情に依り事實徵收不能の場合の外徵收義務者に對し現實に稅額の徵收をなしたると否とに拘はらず絕對的徵收の義務を負はしめ、以て完全に本稅徵收の目的を達成することゝしたのである。次に大正十五年三月特別稅貸家稅に關する規則を發布し同年四月一日より實施したるが、市內に住所を有せず戶別割負擔の義務なきものであつて、市內に貸家を所有するものに對し賃貸價格の千分の十五を賦課した。更に昭和九年四月に至り、特別稅歡興稅及出張販賣稅を制定し四月一日より實施したるが歡興稅は營業用舞踏場に於て舞踏手を相手として舞踏料を消費したる全額の百分の四、出張販賣稅は關東州市制施行規則第六十二條第二項及第六十三條第一項に該當せざるものにして、市內に出張販賣所を設け物品を販賣したるものに對し、賣上金額の百分の一を徵收するのである。又大正十一年四月には特別賦課諸車使用稅を賦課することゝなり四月一日より實施したるが、市內に住所を有するものにして自家乘用自動車一臺一ケ月金七圓、營業乘用金參圓、自家乘用馬車金貳圓自家用人力車金七拾錢の割合を以て、每月一日現在に依り賦課することゝなつてゐる。斯くして特別稅各種の賦課開始以來の徵收成績は次の如くである。

特別稅各種徵稅決算表

年度＼種目	特別稅	貸家稅	諸車使用稅	遊興稅	歡興稅	出張販賣稅
大正八年	七一、八二一・七九円	—	—	—	—	—
大正九年	三七、〇二四・四七	—	四、一〇〇・〇〇円	—	—	—
大正十年	三八、三〇一・五八	—	四、五三五・〇〇	—	—	—

大正十一年	三八、五七八・九五	｜	九、八三七・一〇	｜	｜	｜
大正十二年	三五、五九一・九七	｜	八、九三五・一〇	｜	｜	｜
大正十三年	三四、五七七・六九	｜	九、〇二五・七〇	｜	｜	｜
大正十四年	五、八三二・二七	｜	九、四九三・三〇	四〇、三〇〇・三六 円	｜	｜
大正十五年 昭和元年	｜	七、四六七・〇七 円	一一、四四五・二〇	七〇、七五三・五八	｜	｜
昭和二年	｜	九、五〇二・一四	一三、四五九・九〇	六九、四四二・八二	｜	｜
昭和三年	｜	八、九三九・一一	一七、三〇五・二〇	八四、一七三・四七	｜	｜
昭和四年	｜	一三、〇五四・九五	二三、〇八三・一〇	八六、四三九・七六	｜	｜
昭和五年	｜	一四、八二一・二四	二四、五九一・〇三	七六、四九四・七八	｜	｜
昭和六年	｜	一六、〇九六・六三	二四、二二九・六〇	六三、七四〇・七二	｜	｜
昭和七年	｜	一七、九九〇・七七	二五、一一一・六〇	八八、四九六・五五	｜	｜
昭和八年	｜	一九、八五六・三五	二八、三九三・七四	九三、三二四・二四	｜	｜
昭和九年	｜	一九、八二一・九六	三四、八三〇・六〇	一三〇・六八三・七五	一〇、四四〇・八八 円	四三・五〇 円

第四節　使用料及手數料

大連市に於ける使用料の收入は、特別市制時代には小學校及公學堂の授業料徴收に基くものであるが、この授業料は大正四年十一月の市規則第七號及第八號小學校並に公學堂の授業料規程に依るものであつて、大正八年三月に至り公學堂授業料規程廢止のために其徴收を停止し、同時に小學校授業料規程もその一部に改正を加へられ尋常小學校の授業料を廢止し高等小學校のみとした。次で同年四月大連實科女學校が開設されたので同年度より授業料を徴收し、又大正十三年度には商工學校開設のために授業料としての收入を見たのである、而して大正十四年より授業料の收入を使用料の一項目に變更し大正十五年度に至りて高等小學校、女學校、商工學校の授業料收入以外に、關東廳よりの移管事業經營のために新たに小賣市場、公園、墓地、火葬場、屠獸場等の使用料が加はり、昭和九年度から公學堂高等科、大連中學校の授業料も使用料に編入された。昭和十年度には從來社會事業收入として計上された處の社會館、水泳場及び新たに設けられた公設厠附屬建物、海濱聚落の各使用料も使用料收入に計上されたが、大正四年度以降の決算額は次の如くである。

使用料決算表

年度	使用料	年度	使用料	年度	使用料
大正四年度	円 五、五二五・三五	大正十一年度	円 一三、七二四・二五	昭和四年度	円 一六六、〇九一・七一
同五年度	一一、五二一・〇〇	同十二年度	一五、八四二・〇〇	同五年度	一六三、五八七・〇二
同六年度	一二、三七二・九五	同十三年度	二一、四一一・七九	同六年度	一七七、三〇四・二二
同七年度	一二、九〇〇・二五	同十四年度	二二、九三〇・二五	同七年度	一八四、七七〇・三〇
同八年度	三、七〇五・二五	大正十五 昭和元 年度	一一六、八〇〇・四一	同八年度	一六五、一一一・九二
同九年度	四、九七三・二五	昭和二年度	一一九、二三五・四七	同九年度	一九三、一八六・六〇
同十年度	八、八九九・〇〇	同三年度	一二八、八八六・〇〇		

手數料は大正四年十二月市規程第十二號を以て大連市手數料規程を制定されたのであるが、大正六年三月之を改正し、汚物掃除料は

一、官衙、店舗其他之に類するもの　　從事員一人に付一ヶ月金拾五錢

二、學　校　　生徒一人につき一ヶ月金五錢
三、病　院　　從事員一人に付一ヶ月金貳拾錢
四、旅館、料理店其他之に類するもの　　從事員一人に付一ヶ月金參拾錢
五、倉庫、工場　　建坪一坪に付一ヶ月金貳錢
六、劇場其他之に類するもの　　建坪一坪に付一ヶ月金拾錢

諸證明其他の手數料は、諸證明は一件金五拾錢、公簿及圖書閲覽は一回金二十錢、市稅其他の公課に對する督促手數料は一通に付二十錢を何れも徵收することに制定されてゐるが、手數料收入の決算額に於て大正四年度及同五年度は雜收入中の雜入に計上され、その大正四年度以降の徵收濟決算額は次の如くである。

手數料決算表

年度	手數料	年度	手數料	年度	手數料
大正四年度	円 二、六七五・五八	大正十一年度	円 九、二八二・七〇	昭和四年度	円 一四、〇一二・二〇
同　五年度	四、二六六・四〇	同　十二年度	九、四八四・八〇	同　五年度	一五、〇二七・五〇
同　六年度	四、七七一・七〇	同　十三年度	一一、六六一・九〇	同　六年度	一四、八六四・一二
同　七年度	八、三七四・四〇	同　十四年度	一〇、九四三・六〇	同　七年度	二六、一五五・八二
同　八年度	八、八八二・〇八	大正十五 昭和元 年度	一一、四〇〇・四五	同　八年度	一四、八四八・一六
同　九年度	一七、五〇一・三〇	昭和二年度	一一、九八六・二〇	同　九年度	一六、六〇一・〇八
同　十年度	八、四四八・〇〇	同　三年度	一二、六三〇・〇〇		

第五節　大連市の市債

市政運用のために市債を起すことに關しては、特別市制時代に於て市會の決議に依り當局に建議したのであるが容易に市規別の改正を見るに至らないために、大正九年一月實科高等女學校建設資金として總額金四十四萬二千圓に對する借入金を市會に於て決議し當局の認可を受け其第一回五萬圓を同年十月東洋拓殖會社より借受けたのが、所謂大連市に於ける市債の嚆矢であり、次で大正十一年一月、南山麓の土地經營及市營住宅建築資金として金百萬圓を東洋拓殖會社より借受けたのであるが、大正十三年五月關東州市制が公布せられ、第二十九條に市は永久の利益となるべき事業、舊債償還又は天災事變のため必要ある場合に限り市價を起すことを得と規定されたるを以て、玆に前記の二種借入金も市債に編入し、次で各種の必要事項に關して市債を起すに至つたのである。而して高利に對する借替、或は金利の低減等に關して市理事者は市財政の健全を圖るために努力したことは少なからなかつた。市債現在高は次の如くである。

市債現在高一覽表　（昭和拾年四月現在）

市債ノ種類	借入先	借入年次	起債額	償還未濟額	利率	皆濟年次	償還期日及方法
職業紹介所建築資金	遞信省簡易保險局	大正十五年	五五、〇〇〇・〇〇円	四〇、一三三・〇五円	年四分八厘	昭和廿一年	十九ヶ年賦元利均等償還年賦金四、四七七圓一〇　七月三十一日
千代田町市場建築資金	同	同	二八、〇〇〇・〇〇	二〇、四三一・三八	年四分八厘	昭和廿一年	十九ヶ年賦元利均等償還年賦金二、二七九圓二五　七月三十一日
質舖經營資金	同	同	一五五、〇〇〇・〇〇	一三、一〇二・三一	年四分八厘	昭和廿一年	十九ヶ年賦元利均等償還年賦金一二、六一七圓二七　七月三十一日
沙河口市場建築資金	同	昭和三年	三五、〇〇〇・〇〇	三三、八五六・五三	年四分八厘	昭和十九年	十五ヶ年賦元利均等償還年賦金三、三二六圓五五　三月三十一日

白菊町市營住宅建築資金	遞信省簡易保險局	昭和五年	九四、四九一・四九	八四、九九九・四三	年五分四厘	昭和三十年	二十五ヶ年半年賦元利均等償還 半年賦金三、四四九圓七二 九月三十日 三月三十一日
市營住宅舊債償還資金	同	昭和八年	五六八、五〇〇・〇〇	四六六、八二八・二三	年五分四厘	昭和十八年	十ヶ年半、半年賦元利均等償還 半年賦金三四、六〇五圓八四 九月三十日 三月三十一日
大連中學校建設資金	同	昭和九年	二二四、〇〇〇・〇〇	二二四、〇〇〇・〇〇	年五分二厘	昭和廿五年	十五ヶ年賦元利均等償還 年賦金四一、九八九圓一一 九月三十日
合計			一、一四九、九九一・四九	九六三、二六〇・九三	（大連中學校建設資金ハ昭和十年度ニ於テ二十一萬六千圓借入決定下記年賦金ハ四十三萬ニ對ズルモノ）		

第六節　大連市の財産

大連市の財産としては、不動産及動産並に各種基本財産であつて、不動産の主なるものは舊衛生組合より繼承したる市內西通及但馬町に所在する土地五百三十六坪三六、その價格十萬七千二百十二圓であり、建造物は二百九十八萬四千七百八十三圓余、動産としては市役所、各學校、市營住宅、屠場その他の備品及圖書類を合して九拾八萬八千九百七拾四圓餘である、之らを合計したる四百八萬一千貳拾九圓餘が財産とし計上する重要なるものであつて、基本財産は昭和三年九月市規則第六號に依り特別會計として基本財産を設け、金壹千萬圓に達するまで之を蓄積することゝなり、その收入は基本財産より生ずる收入、基本財産指定寄附金及一般會計の剰餘金よりするのであり、恩賜基本財産は、社會事業資金に充つるため昭和三年十二月市規則第十一號を以て特別會計として恩賜基本財産を設け金百萬圓に達するまで之を蓄積するものであり、その收入としては恩賜基本財産より生ずる收入、恩賜基本財産指定寄附金及一般會計に依る歳計剰餘金よりする事になつてゐる、その現在額は別表の如くである。

財産明細表（昭和九年十二月末日現在）

一、不動産

イ 土地

所在地	坪數	價格
大連市西通十九番地	二七九坪九二	五五、九八四・〇〇円
同 但馬町三番地	二五六坪四四	五一、二八八・〇〇
計	五三六坪三六	一〇七、二七二・〇〇円

ロ 建造物

所屬又ハ名稱	價格
西通土地周圍塀	六〇六・〇〇円
大廣場物品倉庫	一〇、〇四〇・〇七
彌生高等女學校々舍其他	五一七、四〇二・一一
實業學校々舍其他	一六一、〇六〇・〇〇
榮町衞生作業所	一七、〇五一・六九
沙河口衞生作業所	六、五五五・三五
千代田町衞生作業所	四、四九八・四四
嶺前屯入馬集合所	七二〇・〇〇
汚水排棄桝九ヶ所	二二一・八六円
灤家屯汚水排棄池	二、四四二・七〇
平和臺汚水排棄池	四〇一・〇〇
濱町發電所餘水引揚所	二、七八二・〇〇
北崗子屎尿賣却係詰所	三九四・〇九
撒水給水所	一二、〇七五・三八
汚水放流所十ヶ所	三、六〇〇・二二
給水番小屋三十ヶ所	三、七六〇・〇〇

晴明臺糞池	一、一九〇•〇〇
北崗子糞池	一、六五〇•〇〇
市營住宅	一、一八七、五二一•二九
公設厠	一八、五一五•七〇
火葬場	七〇、一〇〇•一五
屠獸場	一五三、三一四•七〇
中央公園	一九六、二五五•五二
沙河口兒童遊戲場	二、五一一•〇〇
春日池及附帶設備	三五、七七三•〇〇
信濃町市場	七一、六六六•七六
西崗子市場	六二、七九二•九五
山縣通市場	二六、八二五•五〇
沙河口市場	六、八一六•七二
千代田町市場	三〇、九八五•二八
中央卸賣市場	三七、二六一•六七
社會館	一〇三、五三六•七〇
大連中學校	一七三、六〇〇•〇〇
廳舍增築建物	六一、〇〇〇•〇〇
計	二、九八四、七八三•一兲

二、動產

種別　箇所	備品	圖書	計
市役所	四四、三七六•九〇円	二、〇二七•五九円	四六、四〇四•四九円
大連中學校	六、八六九•六四	一、〇六八•五四	七、九三八•一八
彌生高等女學校	六七、五七五•二九	六、二四四•九〇	七三、八二〇•一九
實業學校	三一、五四三•〇八	三、一一九•一八	三四、六六二•二六
南山麓小學校	三六、五五三•一〇	五、七九〇•四六	四二、三四三•五六

朝日小學校	二七、〇〇一・五三	二、一二一・九六	二九、一二三・四九
大廣場小學校	三二、九九七・〇四	四、八八九・六九	三七、八八六・七三
松林小學校	二九、五一八・九四	三、六一二・〇四	三三、一三〇・九八
日本橋小學校	二九、九九一・三〇	四、一七〇・一二	三四、一六一・四二
常盤小學校	三〇、八四七・四六	三、三六八・三四	三四、二一五・八〇
春日小學校	三一、一五三・九三	四、〇六三・八〇	三五、二一七・七三
嶺前小學校	三〇、六九九・五九	四、四三九・五二	三五、一三九・一一
伏見臺小學校	三六、九二三・〇六	五、四一八・八八	四二、三四一・九四
聖德小學校	二七、九三三・三二	三、八四五・五一	三一、七七八・八三
大正小學校	二九、三一三・二〇	四、五一五・八六	三三、八二九・〇六
沙河口小學校	二四、八〇二・三〇	三、八九二・三六	二八、六九四・六六
早苗小學校	三一、二七〇・九〇	二、五八一・四五	三三、八五二・三五
下藤小學校	二〇、八六一・九三	二、三五五・〇六	二三、二一六・九九
土佐町公學堂	二三、三八一・〇六	四、二三三・三一	二七、六一四・三七
伏見臺公學堂	二四、八六五・六一	四、五二一・〇四	二九、三八六・六五
霞小學校	一七、〇五二・三〇	二、二四二・六一	一九、二九四・九一
光明臺小學校	一二、三五五・七一	一、〇六一・九〇	一三、四一七・六一
西崗子公學堂	三一、二四二・七四	四、五六二・九五	三五、八〇五・六九
沙河口公學堂	二五、六二八・六〇	五、一六八・九一	三〇、七九七・五一

秋月公學堂	一三、二三四・〇一	二、〇四二・四二	一五、二七六・四三
職業紹介所	一一、二九一・六二	—	一一、二九一・六二
常盤質舖	一、七三二・七二	—	一、七三二・七二
中央公圖	五、四六五・〇六	—	五、四六五・〇六
榮町衛生作業所（各作業所ヲ含ム）	一四一、一一二・五八	—	一四一、一一二・五八
大連屠場	六、八四八・九〇	—	六、八四九・九〇
大連火葬場	九三五・〇三	—	九三五・〇三
西火葬場	一六六・二二	—	一六六・二二
葬齋場	二七一・三〇	—	二七一・三〇
市營住宅	八、九一一・八〇	—	八、九一一・八〇
中央卸賣市場	二、四二七・六一	四・七二	二、四三二・三三
小賣市場	四五六、二〇	—	四五六・二〇
中央公園動物	—	—	熊二匹 五〇・〇〇
中央公園植物	—	—	七四三・〇〇
合計	八九七、六一一・五八	九一、三六三・一二	九八八、九七四・七〇

基本財產現在蓄積表

（昭和十年六月現在）

種別	基本財産 歳入	基本財産 歳出	基本財産 蓄積金	恩賜基本財産 歳入	恩賜基本財産 歳出	恩賜基本財産 蓄積金
大正七年度	円 五、八四六·〇九	円 五、八四六·〇九	円 五、八四六·〇九	―	―	―
同八年度	一、四二六·六六	一、四二六·六六	七、二七二·七五	―	―	―
同九年度	四七五·六一	四七五·六一	七、七九三·九六	―	―	―
同十年度	一、〇三一·三六	一、〇三一·三六	八、八四一·七二	―	―	―
同十一年度	一、三四七·四〇	一、三四七·四〇	一〇、二〇一·七六	―	―	―
同十二年度	七三七·七〇	七三七·七〇	一〇、八六四·八二	―	―	―
同十三年度	一、三一九·六七	一、三一九·六七	一二、一八四·四九	―	―	―
同十四年度	八一九·二四	八一九·二四	一四、〇〇三·七三	―	―	―
大正十五年度 昭和元年度	一、九六五·三一	一、一一〇·〇〇	一四、九六九·〇四	円 五七七·二〇	円 五〇〇·〇〇	円 五七七·二〇
昭和二年度	一、一一九·八五	一、一一九·八五	一六、〇八八·八九	一三五·〇五	一三一·〇〇	六八一·二五
同三年度	一、三二九·一六	一、一六五·〇〇	一七、四一八·〇五	三四九·五七	九〇·九六	九九〇·八六
同四年度	一、八五九·八二	一、六八八·〇〇	四一、二八五·六六	三四九·八二	一〇九·〇〇	三、五四一·四五
同五年度	三、四九四·七七	二、八二八·〇〇	七〇、一九一·〇一	一、一一六·一八	二三一·〇〇	七、一九八·六八
同六年度	五、七一四·四六	五、三九一·〇〇	一〇九、六八一·〇五	五九九·五三	五九九·五三	一一、六七五·七六
同七年度	一一、二二九·九五	一一、二二九·九五	五七、九八七·七三	九一九·二八	八六三·〇〇	一五、八〇三·七一
同八年度	一〇、八七五·九八	九、六一一·〇〇	五四、四五六·八〇	一、四四七·六一	一、〇九〇·〇〇	二〇、三一〇·六二
同九年度	三七、七三四·五九	三六、六五九·〇〇	二六、三一〇·五七	一、二九八·四二	一、二〇二·〇〇	二五、〇二〇·九五

昭和十年度 六月十日
—
—
—
一五五、一四三・九三
—
—
三一、九〇四・二六

第六章　大連市の各種施設

第一節　施設事業の概要

大連市の施設事業としてその顯著なるものは、特別市制の實施に依りて衞生組合より繼承したる衞生事業であつた。所謂汚物掃除とその處理を主とし、他は傳染病の豫防、清潔法施行の援助、市内撒水等であつたが、次で敎育に關する一部の事務を擔任することゝなり、小學校及公學堂に於ける事務費を市に於て負擔し、衞生、敎育に關して市民自治の機關たる職能を市政施設に具現したのである。併しながら市民の自治機關としての市政運營に關しては、單に衞生、敎育のみに限定さるべきものでないが故に、市會の決議に依りて市政擴充に關し屢々市理事者より當局官廳に建議したる結果、關東州市制の發布となりて市の權限は擴張せられ、次で關東廳所管事務の一端が大連市に移管さるゝに至つた。卽ち市場、公園、墓地、屠場の如きがそれであり、この結果大連市の施設事業は劃期的に面目を一新したのである。南山麓に於ける土地經營及市營住宅の建設、彌生高等女學校並に商工學校の開設等は、移管事業の實施以前に於て市の施設せる處なるも、各種事業の移管後に於ては、先づ社會的施設として中央公園の改良修築に着手し、市營住宅を增設し、社會館を建築してそこに職業紹介所、簡易宿泊所、簡易食堂を設け、又少額所得者の金融機關として公設質舖を開設したると共に救貧救濟事業にもその施設を完整せんとしてゐる。又産業方面に關しては、中央卸賣市場を建設して大連市が消費供給の一大市場として將來の發展に資せんとし、又滿洲建國を記念する大連市催大博覽會を開催して、日滿文化の融合とその産業の發達を圖り豫期以上の好成績を博し、最近更に內外の觀光客を誘致せんとして各種の設備を講じ、衞生事業には火葬場の整備市街の清掃、殊に大連市に於ける煤煙の防止に關して今や適切なる施設を試みんとして研究中に屬しつゝあるが、最も顯著なる施設の擴大としては敎育事業であつて、旣に中等敎育機關として彌生高等女學校を經營する以外に、商工學校を改組して實業學校となし、新たに大連中學校を開設したるのみでなく、今や滿人子弟の中等教育機關として協和實業學校の設立を見るに至つたのである。之らの施設事業は我が大連市政に於て特筆すべきものであり、二十年の短期間に斯くも偉大なる發展を遂げたるかを顧みる時、徐ろに將來の擴大性が期待せらるゝのである。

第二節　衞生に關する施設

沿革　大連市の衞生事務は、日露役直後在留邦人の個人經營にて汚物の掃除を取扱つて來たが、市の發展に伴ひ完全なる汚物掃除並にその處分不能のため、明治三十九年官の命令に依りて衞生組合を組織し、各自若干の費用を分擔して之を營んでゐた。この組合こそ實に大連市たる自治體の濫觴である。その間屎尿處分に關して肥料會社が設立されたが何れも計畫や事業方法に杜撰の點あり、又種々の問題に禍ひせられて永續せず、その後は衞生組合自體が直接之が處分に當つてゐた。而して大正四年十月一日大連市特別市制實施と共に衞生組合は解散しその事業一切を擧げて大連市に引繼ぎ、市は衞生課の所管として組合時代の作業を繼承し、爾來市の急激なる發展に伴ひ大正十五年四月一日關東廳の經營に屬する屠場及火葬場竝齋場その他共同墓地と市內の公設厠とを移管せらるゝに及んで本市の衞生事業は頓に擴大した。從つて其事務も漸次に擴張し各方面に亘り諸般の施設に鋭意改善を加へ以て今日に至つたのである。

汚物掃除　都市の膨張發達と共に保健衞生の立場より最も意を注がねばならぬは汚物掃除事務である。大連市の掃除機關は、市制實施と共に衞生組合より引繼ぎたるが、その後大正十三年八月一日市外沙河口及嶺前屯を、昭和二年四月一日星ケ浦及寺兒溝を何れも市區域に編入したる結果、市の衞生作業區域は頓に擴大せられ爾來塵芥、屎尿、汚水の處分に關しては每年多大の努力を拂ひつゝあるが、現在之れが實施機關として市內に三箇所の衞生作業所と二箇所の派出所を置き地勢及人口の粗密等に依り作業區域を分け各作業班を編成してゐる。而して屎尿、塵芥の處分、汚水及游泥の處理、馬糞拾集作業等は、掃除事務の主もなるものであり、各機關を督勵して衛生工作に萬全を期してゐる。

道路清掃　街路の砂塵飛散を防止する目的を以て毎年三月下旬より十一月下旬まで自動車及馬車を使用して撒水を行つてゐるが、其期間中は氣温の關係上路面の乾燥度の遲速、路面の構成、交通の繁閑等を考慮して一日二回乃至五回の標準を以て之を施行しつゝあるも、市の急激なる發展に伴ひ道路の延長著しく擴大して到底充分なる撒水を行ひ得ない現狀であり、依て昭和十年度に於て撒水に代る劃期的作業として、試驗的に市内大廣場を中心とし放射せる樞要なる一部街路に清掃作業を施してゐる。又除雪作業は、降雪の都度清掃區域に屬する道路及衛生作業遂行上必要なる區域に於て、人夫を使役して馬車及手曳等により除雪し適當なる地域に搬出せしめ街路の清潔と交通秩序の保持を圖つてゐる。

公衆衛生　公衆衛生に關しては、警察署の主管にて春秋二季全市内の清潔法が實施されてゐるが、市は檢査日割及施行標準等を印刷物となして各戶に配付し、本法施行に關して市民の注意を喚起し其徹底を期すると共に、右期間中は各種作業に人夫、馬車を增配して排出せられし汚物を迅速且つ清潔に搬出せしめ以て本法施行の實を擧ぐるに努めてゐる。又傳染病豫防幇助の目的を以て毎年四月より十月迄の期間、各戶の便壺及塵芥箱並公設厠その他不潔箇所に消毒殺蛆劑及石灰を撒布するの外、一定期間を選び蠅取デーを施行し、各要所に消毒殺蛆劑を配付し一般市民に無料交附して蠅族發生の防止と殺蛆の徹底を期するに努めてゐる。殊に大連市が煤煙都市の汚名より脫すべく煤煙防止事業は、各方面に於て多年提唱されつゝあつたが、昭和九年十二月に至り其事務を開始するに至つた。茲に於て市は直ちに諸般の準備を進め斯道の專門家及有力者二十有餘名を委員に委囑して降下煤塵量、煙突噴煙狀態、高低壓汽罐その他戶別暖房裝置等の調査をなすと共に一面學校其他適當なる場所に於て焚方指導並講演會等を開催し、又焚方指導に關するパンフレット及ポスター等を印刷し適宜配付して之が改善及指導に努めつゝあるが、之れが解決は一朝一夕にして成し遂げ得べきものではなく、要するに市民の共同自治の自覺に基くものと云はねばならぬ。次に公設厠は、關東廳よりの移管以來市に於て改善を企圖し居れるが、昭和八年度に於て岩代町に於けるものを從來の型式を破り、前部を賣店に利用し得る最も文化的厠に改築して面目を一新したるが、その成績によりて主なるものを改造する筈である。

火葬場及墓地　大連火葬場は明治三十八年の建設に係り、移管後火爐を增設し、現在一等二個、二等二個、三等十五個を有してゐる。西火葬場は大正十年の建設であつて從前は沙河口火葬場と稱してゐたるも、大正十三年八月同方面の本市に編入されたるを機會とし昭和八年に西火葬場と改稱した、葬祭場は西火葬場と同時の建設にして移管後は場內整備と共に利用者の誘致を計つてゐるも、同場の位置は西部大連の北部に偏し地勢上恰適ならざるため利用者は今尙ほ僅少である。而して各場の設備は逐年之が改善に努めたる結果、現在にては略ぼ完備したるも燒却爐は舊式の石炭燃燒裝置なるため非衞生的であり且つ燒却時間を多く要するので近く重油燃燒裝置に改造して面目一新を圖る豫定である。墓地は大連及沙河口の二箇所にあるが、沙河口は未だ整地せずして單に豫定地に止まり、大連墓地は整地旣に完備して使用に何ら支障がないも、從來使用者甚だ僅少なるを免れざりしが、近年滿洲國建國と其他諸種の事情は土着心を煽り逐年その使用者を增加しつゝあるは喜ぶべき現象である。殊に最近外國人の埋葬者を增加しつゝあるは國際都市としての大連が表現さるゝ一端とも見らるゝのであり、場內の淸掃に關しても墓地の尊嚴と淸潔保持に意を用ひてゐる。

屠場經營　本市屠場は明治三十八年五月、在住の一邦人が滿洲軍總司令部の承認を得て、本場東隣の地にバラツク建の屠場を開設せしを嚆矢とし、其後四十四年四月關東都督府に買收經營せられ、大正三年五月現在の地に改築工事を起し、翌年三月竣工、六月十八日移轉開場したるが、市の膨張發展に伴ひ食肉の需要增加して屠場の擴張を促すに至り、大正十一年八月更に增築工事を施し十二年一月竣工した。當時牛肉の內地輸出は旺盛を極め益々屠場の狹隘を感ずるの盛況を示し再び增築計畫中大正十五年四月一日關東廳より移管せられ、市は直ちに移管條件に基きて第一期の起工に着手し、昭和三年增築計畫に依る全工事を竣成して現在に至つた。而して各會屯地方に於て屠殺せられた未檢査肉の市內侵入の防止と本場の狹隘を緩和するため、昭和二年十二月沙河口臺山屯及寺兒溝との二箇所に分場を開設した。官營當時は一箇年の屠畜數最高四萬頭内外なりしが、移管せられた昭和元年度に内地輸出肉俄然增加せるため、四萬九千頭に達し、昭和五年度には本分場を通じて五萬五千七百二十頭、六、七年度は躍進して七萬一千六百八十頭を算し、八年度は銀高と匪害、牛疫等に禍せられ六萬四千九百七十二頭に低減せしも、九年度には六萬九千九百五十二頭を見るの盛況を示した。天惠的牧畜地として知らるゝ滿蒙を背後地による大連屠場の前途には頗る有望性あるは必然と云はねばならぬ。

第三節　教育に關する施設

沿革　大正四年十月一日大連市政が實施せらるゝや、市は學務課を設置して小學校及公學堂の普通事務を管掌し次で市の經營に係る學校の教育事務等特に指定されたる極めて狹少なる範圍に於て、學事々務を取扱ひ來つたのであるが、昭和四年九月學務課を廢して係となし、更に昭和五年六月總務課に併合したるも、漸次事務の擴大に伴ひ再び一課新設の必要に迫られ、昭和九年四月より學務課を復活して今日に至つてゐる。

小學校及公學堂　小學校及公學堂は關東州廳の經營する處であるが、市は官の施設以外に於て學齡兒童の就學督勵、授業料の徵收又は需要費及雜給雜費を負擔してゐるのである。而して市の發展と市民の增加とは小學校及公學堂の增設を必要とし、現在小學校は十七校、學級數尋常科三百十二級、高等科三十二級にして、就學兒童數は合計一萬七千四百四十四名に達し、公學堂は六校、學級は初等科八十五級、高等科二十七級にして就學兒童數六千九百六十四名である。之等の小學校及公學堂に對して大連市の支出する需要費は次表の如くである。

需用費支辨額

年度	經費 小學校	經費 公學堂
大正四年	七、八九一・八九円	一、三三八・八三円
大正五年	一七、五三三・二四	二、四四七・六七
大正六年	二四、八六九・三一	二、九〇五・一〇
大正七年	三五、一〇七・六六	四、七二一・三三
大正八年	五二、三五〇・〇九	七、〇六八・三五
大正九年	七七、三一九・三一	一一、五四六・〇五
大正十年	八二、七八八・八四	一四、三八七・九一
大正十一年	八六、三五三・〇二	一八、三八一・〇八
大正十二年	八五、二六九・九九	二〇、一四一・六三
大正十三年	八九、三三五・一六	二五、一〇九・五六
大正十四年	八九、七六五・六八	二四、〇二五・二九
大正十五年 昭和元年	八七、九八五・二九円	三〇、〇二一・六四円
昭和二年	九九、五二七・八八	三〇、〇五六・四六
昭和三年	一〇一、〇四七・三三	二七、〇一五・七八
昭和四年	一一三、四二六・一三	二九、二九九・〇六
昭和五年	一〇二、九一五・三三	二八、九三六・九六
昭和六年	一〇〇、〇七五・八八	二六、八三九・四二
昭和七年	一一五、四七七・一六	三一、三五三・一〇
昭和八年	一一七、三七二・二八	二五、三二四・二八
昭和九年	一一三、八八三・四六	三一、三二八・八七
昭和十年	一四一、五〇九・〇〇	四五、〇〇二・〇〇

彌生高等女學校　大正八年二月大連市會に於て本校設置を議決し、大連市立實科高等女學校と稱し、同年五月一日より西廣場の假校舍に於て授業を開始し、次で六月校舍の新築に着手し大正十年七月竣工し彌生町に移轉したが、大正十一年には、學則を改正し本科を主とし實科を併置して校名を大連市立高等女學校と改稱した。大正十五年六月には關東廳令第三十號により關東州公立高等女學校となり、昭和三年四月一日更に校名を大連彌生高等女學校と改稱した。現在の經營費

豫算は拾貳萬四千四百九拾七圓餘であつて、職員は校長一名、教諭二十六名、教員二名、囑託十名、書記二名、書記補一名、校醫二名にして、生徒數九百八十餘名、學級數十八學級、修業年限は五年及四年に區別し、卒業生二千百十二名に達しこの內滿洲在住者二千餘名、旣婚の判明せるもの五百八十一名、生徒の出生地別は滿洲六百五十名、內地其他三百三十四名である。

市立實業學校　大正八年本市居住の天野節次郞氏が公共事業のため市に寄附を申出でたるに依り、使途を攻究したる結果印刷業其他商業機關の執務方法を刷新し其能率の向上を計るを目的とする學校を設立するに決定し、大正九年三月大連市立商工學校を新設し、修業年限三ケ年程度の商業實務科及出版科(活版印刷科製版科)を置き、校舍建築並諸設備費として創設費十六萬五千圓を支出する事となり、大正十年四月市役所樓上假敎室にて授業を開始した。同年十二月現在校舍の新築竣工し移轉と同時に大正十一年四月を以て開校式を擧げたのである。而して大正十五年六月には勅令第百九十四號を以て關東州公立實業學校となつた。次で昭和七年四月從來の商工學校の學則を廢し、新たに實業學校令に依る三ケ年制度の學校となし、之に從來の專習科を附設し大連市立實業學校と改稱したるが、昭和九年十二月には增築校舍の落成式と同時に本校創立十五周年の記念式を擧行した。更に昭和九年度に於て社會の要望に伴ひ工業科を增設して名實共に實業學校たる資格を具有し、現在の生徒數三百二十三名に達し、昭和十年三月には第一回卒業生六十名を示すや、一部勉學志望者を除き他は悉く三月中に就職するに至り、當校の施設が社會に順應するを如實に明かにしてゐるのである。

大連中學校　昭和九年一月市立中學校設置に關する市會議員協議會を開催し、二月三日該設置案を市會に可決した。依て下藤小學校の一部を利用し、四月一日開校式を擧げ、昭和十年三月新校舍一部落成したるを以て移轉した。校舍建築費四十三萬圓、昭和九、十兩年度に支出したるが、十年度の經常費豫算は十萬六千七百五十二圓、職員は校長一、敎諭十四教員二、囑託三、校醫一、書記一、事務員二合計二十四名にして現在の學級數八級、生徒數四百三十二名、その出生地別は關東州二百二、臺灣三、朝鮮四、內地百五十二、滿洲四十九、支那各地十七名である。

協和實業學校　昭和十年二月市立滿人實業學校設立並學則制定の件につき學務委員會を開き、二十六日市會に於て設立案を可決し、二十八日學校設置認可を得て、大連中學校內に假教室を設け四月二十七日授業を開始した。現在職員は校長一、教諭四、囑託教員五、校醫一、書記一、衞生婦一合計十三名にして、生徒數百八十名、その出生地は關東州百六十二滿洲五、支那各地十三名であり、目下校舍新築設計中であつて十年七月開校式を擧行したのである。

教育費補助　市は大連市內に設立せらるゝ、各私立學校及教化團體に對して、私學助成金を交付しつゝあるが、その內容は次の如くである。

大正十五昭和元年度以降に於ける狀況

學校其他	大正十五年昭和元年	昭和二年	同三年	同四年	同五年	同六年	同七年	同八年	同九年	同十年
一、大連商業學校	一七、〇〇〇円	一七、〇〇〇円	一、七、〇〇〇円	一、七、〇〇〇円	一、七、〇〇〇円	一、七、〇〇〇円	一、七、〇〇〇円	七、〇〇〇円	七、〇〇〇円	七、〇〇〇円
二、滿洲法政學院	―	五〇〇	五〇〇	五〇〇	五〇〇	五〇〇	五〇〇	五〇〇	五〇〇	五〇〇
三、大連女子商業學校	―	―	―	―	―	―	―	―	―	二、五〇〇
四、大連語學校	一、〇〇〇	一、〇〇〇	一、〇〇〇	一、〇〇〇	一、〇〇〇	一、〇〇〇	一、〇〇〇	一、〇〇〇	一、〇〇〇	一、〇〇〇
五、大連女子專修學校	―	五〇〇	五〇〇	五〇〇	五〇〇	一、〇〇〇	一、五〇〇	二、〇〇〇	七、〇〇〇	三二、〇〇〇
六、大同女子技藝學校	―	―	―	三〇〇	三〇〇	五〇〇	五〇〇	五〇〇	七〇〇	七〇〇
七、南滿洲商科學院	―	―	―	―	―	―	―	―	五〇〇	五〇〇
八、大連羽衣高等女學校	―	―	―	―	―	―	―	一、〇〇〇	六、〇〇〇	一六、〇〇〇

九、大連青年會	三、〇〇〇	二、〇〇〇	二、〇〇〇	二、五〇〇	二、五〇〇	二、五〇〇	二、五〇〇	二、五〇〇	二、五〇〇	七、五〇〇
一〇、大連睦堂幼稚園	—	—	—	五〇〇	五〇〇	五〇〇	五〇〇	五〇〇	八〇〇	八〇〇
一一、大連奬學會	—	三〇〇	三〇〇	三〇〇	三〇〇	三〇〇	三〇〇	三〇〇	三〇〇	三〇〇
一二、大連少年團	—	三〇〇	三〇〇	三〇〇	三〇〇	三〇〇	三〇〇	三〇〇	三〇〇	三〇〇
一三、滿洲體育協會	—	五〇〇	五〇〇	五〇〇	五〇〇	五〇〇	五〇〇	五〇〇	五〇〇	五〇〇
一四、大連市民射擊會	—	二〇〇	二〇〇	二〇〇	二〇〇	二〇〇	二〇〇	二〇〇	二〇〇	二〇〇
一五、大連氷上聯盟會	—	—	—	—	—	—	一、三〇〇	一、〇〇〇	一、二〇〇	一、二〇〇
一六、海洋少年團	—	—	—	—	—	—	—	—	—	二〇〇
一七、大連保導聯盟	—	—	—	—	—	—	—	—	—	一、〇〇〇
一八、大連青年學校後援會	—	—	—	—	—	—	—	—	—	一、〇〇〇
一九、盲啞學校	六〇〇	一、〇〇〇	一、〇〇〇	七五〇	七五〇	—	—	—	—	—
二〇、小學校修學旅行團	—	四九五	四六五	一八五	一八五	一三〇	二〇〇	—	—	—
計	二〇、六〇〇	二三、七九五	二三、七六五	二四、五三五	二四、五三五	二四、四三〇	二六、三〇〇	一七、三〇〇	二八、五〇〇	七三、二〇〇

市民體育 市は市民の體育奬勵のため各種の年中行事を行ひ來れるが、その成績何れも良好にして年々發達の道程に措かれてある、その種類次の如し。

行事	擧行月日	回次	場所	摘要
市民スケート大會	一、二一	一一	鏡ヶ池スケート場	當日は戶外デーを同時に開催す

市民五月祭	五、二七	六	大連運動場	參加團體は日滿各女學生及小學校公學堂女兒童、其他一般各婦人團體
市民水泳大會	八、九	八	同	參加人員約四百人
市民運動會	一〇、七	八	同	參加人員約一千人
市民體育ボール大會	一〇、二七	五	同	參加團體一般三十九、學生生徒三十團體

第四節　社會事業に關する施設

沿革　本市創設以來大正十五年までは、社會事業と目すべきもの僅に市廳舍の一部に職業紹介所を設け、不完全なる簡易宿泊所を附設したると、貧困者救助事務並に市營住宅の經營をなしたに過ぎなかつた。然るに市の急激なる發展に伴つて市として施設すべき諸種の社會的事業は、日を逐ふて其必要に迫られつゝある時、大正十五年四月、從來關東廳に於て經營され來つた中央公園、公設市場、街燈等の移管を市に引受くることゝなつたので、市は同時に社會課の一課を設置し職業紹介所、救濟事務及移管を受けたる公園、公設市場、街燈の各事務を所管することゝなつた。其後市内に於ける住宅緩和の目的を以て、市營住宅の增設を行ひ、物資の配給を圓滑にし其價格の公正を期するがために蔬菜、果實の卸賣市場を開設し、市内少額所得者の金融機關として公設質舖を經營するに至つたのである。而して昭和八年十一月產業課を設けらるゝや、公設市場は之に所屬せしめ社會課より分離することゝなつた。

街路照明　大正十五年四月從來關東廳に於て經營せし市內指導標（町名番地記入）付街燈二百三十九燈の移管を受けたので、爾來市の發展に伴ひ年々增燈を爲し現在三千二百十二燈を點燈するに至つた。

八　年　度　末

現點燈數	延ワット	所要經費
三、二二一個	一一九、四六〇	二九、一六三圓

市營住宅　大正八、九年の頃財界の好況に伴ひ、大連市内に於ける小住宅は拂底し、家賃は著しく昂騰して一般市民に多大なる脅威を與へたるため、市は之が緩和策として小住宅の建設を企圖し、關東廳より土地を借受け資金を簡易保險積立金に仰ぎ左の通建設した。

所在	棟數	戸數	建物延坪數	建築費	摘要
柳町	一四	三	七六九・一八二坪	一〇三、〇九六・四三〇円	大正十二年建築　大正十三年建築
桂町	四八	九一	二、四六八・二三四	二九五、三〇二・〇二六	大正十三年建築　大正十五年建築　昭和二年建築
花園町	五三	一八一	三、四六一・七九三	三九四、七五二・九三八	大正十一年建築
水仙町	三	七〇（二八室）	一、六五三・八三三	一八五、七八一・六一〇	大正十三年建築
元町	二	二四	三〇〇・一六〇	三〇、二七〇・三七〇	大正十五年建築
桔梗町	八	四八	六九四・七四〇	六五、〇二〇・三八〇	大正十五年建築
白菊町	一三	九六	一、三六一・八八〇	九四、〇四六・六一〇	昭和五年建築
計	一五七	五三三（二八室）	一〇、七〇八・八二三	一、一六七、二七〇・三七四	

公園　中央公園は元西公園と稱し、其の面積三十二萬餘坪を有し露治時代に於て既に公園として施設せられたるものであるが、戰後關東廳に於て經營し來りたるを、大正十五年四月一日市に移管せられた、依つて市は經費三十萬圓を以て

昭和三年より十ケ年繼續事業として之が改良に着手したのである。該改良計畫案は大體に於て關東廳の計畫を踏襲したるもので其の後都市計畫の影響あり、著しき市の發展其の他計畫後に於ける諸種の事情の發生に依りて、該計畫を其の儘施行するの妥當ならざるものあるため、着手後三ケ年にして該計畫を廢止し、昭和七年新に計畫を樹て昭和八年より七ケ年繼續事業とし金二十一萬圓を以て改良工事に着手した。

園内に於ける主なる施設左の如し。

忠靈塔　九〇〇坪
大弓場　四三〇坪
保健浴場　一、六九三坪
硬球庭球場　一、一三六坪
乘馬場　一、三八〇坪
野球場（二ケ所）　一〇、〇三二坪
市民射擊場　一四、四三〇坪
南華園（遊歩地）　五、七八七坪
兒童遊園（二ケ所）　二、三〇〇坪
兒童水泳場　二十五米突　十六米突
溫室　七十五坪
遊覽道路　延長五百間　幅員五間
春日池ボート遊場

救　護　市民にして疾病、不具孤獨等のため悲慘の境遇にあり、生活困難なる者、或は扶養者又は身寄なく其の他内地に送還するを適當と認むる者等に對する救助保護は大體救護法の精神に準據して之を施行し、昭和六年關東廳に於て方面委員制度の設けらるゝや共に連絡を保ち萬全を期して居る。

市營質舖　大正十五年三月市會の決議に依り市內少額所得者の金融機關として、市營質舖の經營を計畫し諸般の準備を整へ資金として簡易保險積立金より金十萬圓を借受け大正十五年十二月より業務を開始した。而して市中に於ける普通質舖と相違の主なる點は、貸出金額を一口金三十圓に制限し、同一世帶に對し百五十圓を限度として貸付け、利率を月二分とし流質期限を六ケ月としたのにある。利息の低率なること、流質期限の永きこと、保管の丁寧確實なるとに依り逐年利用者の增加を見つゝあり。

職業紹介所　世界大戰に因る財界の好況は其の終了と共に反動的に各種事業の縮小となり失業者の數は日每に增加し、市民の生活は著しく不安に陷りたる世相に鑑みて、大正十年九月職業紹介所を設置し、就職の斡旋を爲し勞力需給の調和を圖ると共に家庭百般の事件に關し其の相談に應ずることゝした。而して當時は西廣場市立實科女學校跡を修覆し之に充てたるも、素より狹隘にして執務不便なりしにより簡易保險積立金より十一萬圓を借受け常盤町十七番地に現在の廳舍を新築し昭和二年七月工成りて之に移轉した。新廳舍を社會館と名付建坪三六六坪にして、事務室、食堂、宿泊所、技藝講習室、授產室、應接室、浴場、倉庫等に分れ一部を市營質舖の事務室としてゐる。而して職業紹介所はその利用者逐年增加し、人事相談は、人事百般の相談、結婚媒介、貸家貸間の紹介、簡易代書等を開始したるも人事相談並に簡易代書はその利用者は極めて稀に利用者あるも他は殆んど依賴者なき狀態である。職業紹介所の附帶事業たる簡易宿泊所は、開所當時は西廣場女學校跡の紹介所の一部に木製寢臺上下十四個を有するのみであつたが、昭和二年社會館の新築成るや其一部に移轉し、寢床六十四を設け、浴場、娛樂室をも附設した。而して簡易宿泊所の宿泊人は勿論一般市民にも低廉なる食事を給する目的を以て、社會館の一部に簡易食堂を設けてゐる。又家庭生活に必要なる女子の技藝を授くる目的を以て大正十一年十月技藝講習を開始した。ミシン裁縫の外、刺繡科、編物部を設け、昭和二年に至り和服の講習を開始した。それと同時に家庭に於ける婦人を善導し勤勞に依りて生活するの美風を養ふ目的を以て、昭和二年五月婦人授產部を新設し編物、和洋服裁縫につき市民の注文に應じて加工製作し賃銀を支給せしめてゐる。斯くて社會館の建築成るや、講堂其他二、三の室は當館に於て使用せざる場合、一定の料金を徵し一般市民の利用に供してゐるが、不用品交換會、兒童展覽會菊花展覽會、書畫展覽會、各種講演、講習、協議會、表彰式等に一ケ年數十回に及び使用されてゐる。而して職業紹介所は從來單に社會課の管掌事項として存在してゐたが、昭和十年三月三十一日市規則第四號を以て大連市設社會館規則が發布されて、該規則により依然社會課の管掌に屬してゐる。それと同時に市營住宅規則、水泳場規則も發布されたが、市營住宅は本規程により從來の賃貸借でなく使用料で徵收する事となつたのである。尙ほ大連市の防護に關する防護事務は防護團を共助する目的を以てその事務を社會課に於て管掌するに至つたのである。

第五節　產業に關する施設

沿革　大連市に於ける商工業に關する事項に就ては、從來社會課にて管掌しつゝあつたが、滿洲事變發生以來、滿洲國の建國となつて政治的、經濟的、社會的に一大變化を示したので昭和八年十一月一日に產業課を新設して社會課に屬せし事務を分離して產業課に移し、更に一般產業に關する事項を專ら管掌すると共に、之が指導助長に資することゝなつたのである。

貿易振興事項　對內外貿易の振興施設として、日滿人中小商工業者の保護救濟、商品の紹介宣傳及仕入、生產方法の改善、商品販路の擴張及統制等の件につき、未だその實行に移り得ざるものあるも、各方面と聯繫を計り萬全の振興發達に努力中である。

小賣業發展事項　消費組合、購買組合及百貨店と小賣業者との對立は尖銳化しつゝある現狀に於て小賣業の經營合理化サービス改善を圖るに最も急務なるを以て、產業課發企にて市內小賣業者を網羅し大連商店協會を設立せしむると共に、之らを指導誘掖して自力更生を期し、以て商店街の發展を期しつゝある。

一般產業事項　一般產業事項に關しては不斷調査研究を進めつゝあるも、時事問題は特に注意し關係方面と聯絡して善後措置を講じ、特に產業助成方法として、食糧品展示會、土產物品評會、淸酒品評會、味噌醬油品評會、漬物佃煮品評會、青果品評會、魚貝類罐詰品評會、木草加工品及醫藥料、香料品評會、菓子祭等々を開催して一般市民に之ら商品の認識を深からしむると同時に斯業の發達獎勵を期し、尙ほ店員訓練週間を催ふして店員の素質向上と啓發をなし能率の增進を圖りつゝある。

觀光に關する事項　滿洲事變發生後、異常の發展を遂げつゝある滿洲國の產業狀態を重視し、之が硏究調査の上認識を深めんとする目的を以て、又滿洲の土地に種々の興味を持ち來滿するもの日々其數を增加しつゝあるの現狀に鑑み、一層觀光客誘致の方法を講ずるの必要ありとして、產業課を中心として(一)觀光客誘致に萬全を期するため關係者を網羅して觀光協會を設立する計畫(二)大連を表徵するポスターを作成して內地、滿鮮、支那方面へ多數旣に配布した。(三)市民及外來客の便宜のため市內案內圖標識を市內の要所五ケ所に設置した。(四)パンフレツトを作成し市內及近郊の產業施設及名所舊蹟を紹介し、旣に各方面へ配付した。(五)海濱聚落幕舍を星ケ浦附近の形勝の地に建設し、慰安及保健上よりの外客誘致を圖ることにしたが、現在のキヤンバス、バンガロー二十戶、一戶は大きさ四疊半に外廊にベランダが設けてあり簡素淸潔の設備は一般の歡迎を受け昭和十年七月十五日より開場したるが滿員の盛況を示してゐる。

小賣市場經營　市は公衆の日用品購入の利便、市價の指導統一竝に衞生上の見地から、日用品の公設小賣市場を經營してゐる。小賣市場は、信濃町、山縣通、小崗子、大連西、千代田町の五市場であつて、商品は米穀、薪炭、魚類、野菜、果實、鳥獸肉、食料雜貨等日用品全般に亘つてゐる。而して信濃町、大連西及千代田町の各市場は、外部店舗を設けて日用必需品の販賣に從事してゐるが、山縣通市場は昭和十年度に於て改築に着手し、信濃町市場は市區整備のために他に移轉を餘儀なくせらるゝと共に、市當局者に於ては模範的小賣市場を建設すべく設計中である。その各公設小賣市場の開設年月日、敷地建物、販賣店數及び昭和元年度以降の賣上高は左表の如くである。

開設年月及敷地、建物坪數

市場名	開設年月日	敷地坪數	建物坪數 店舗	建物坪數 倉庫	計
信濃町	明治三八、八	四、〇五三坪七三	一、〇七三坪八七四	二九七坪四四八	一、三七一坪三二二
小崗子	同　四二、二	一、四六〇坪二五	六一三坪四九七	二四九坪四一七	八六二坪九一四
山縣通	大正　三、一	二、六一八坪九〇	五四七坪三四七	三三坪三三三	五八〇坪六八〇
大連西	同　一一、一二	一、九二二坪九三	四八二坪一六八	一四五坪四一三	六二七坪五八三
千代田町	昭和　二、五	一、四九六坪三二	四二四坪六四〇	—	四二四坪六四〇

販賣店數

市場名	使用販賣店 內部	使用販賣店 外部	使用販賣店 生鳥部	使用販賣店 計	空販賣店 內部	空販賣店 外部	空販賣店 生鳥部	空販賣店 計	合計

信濃町	七九	三九	一一	一二九	—	—	一	一	一三〇
小崗子	五〇	—	一	五一	一	—	—	一	五二
山縣通	三〇	—	一	三一	—	—	—	—	三一
大連西	二二	二二	—	四四	—	—	—	—	四四
千代田町	二四	八	—	三二	—	—	—	—	三二
計	二〇四	六九	一三	三八七	一	—	一	二	二八九

市場別賣上高累年比較

年次	信濃町	小崗子	大連西	山縣通	千代田町	合計
大正十五・昭和元年度	一、八九八、二八八・七二円	一七〇、六三五・八三円	三一九、二〇〇・〇〇円	三三七、七一五・三〇円	—	二、七二五、八三九・八四円
昭和二年度	二、八九三、九八四・一〇	二四九、八三三・五〇	四二七、三二〇・〇〇	五二四、三〇一・六六	五〇、六〇一・七五円	四、一四六、〇四六・〇一
同三年度	三、四三五、五一九・四五	二〇一、〇〇七・四〇	三七九、八八八・九二	五七〇、六四〇・〇〇	六三、〇七五・〇〇	四、六四九、一三〇・七七
同四年度	三、四八五、二七七・三六	一九六、三八三・〇〇	三三五、七八二・八八	七二〇、〇一四・六〇	六八、五〇〇・〇〇	四、七九五、九五七・八四
同五年度	三、〇二三、〇四五・七八	一八〇、七六五・〇〇	三三二、一四九・九三	六五七、五三一・〇〇	六〇、二四〇・〇〇	四、二四三、七二一・七一
同六年度	二、五九五、二七八・六〇	一四七、〇八五・〇〇	二九二、一〇三・六五	五六四、五一五・二〇	五四、二〇五・〇〇	三、六五三、一八七・五五
同七年度	二、四五三、六四四・六六	一三五、三六六・〇〇	二九六、九八〇・四三	五八六、二四八・四〇	五二、〇八八・〇〇	三、五二四、三三七・四九
同八年度	二、九六三、三三四・〇〇	一五一、三七一・〇〇	三五八、五五〇・〇〇	五九九、九三一・〇〇	六五、九二〇・〇〇	四、一三九、〇九七・六五
同九年度	三、一六六、七八四・六一	一六四、四四八・〇〇	四三四、五二〇・三一	七七〇、〇一〇・〇〇	八三、〇四〇・〇〇	四、六一八、八〇二・九二

中央卸賣市場　大連市の搖籃時代に於ては蔬菜果實の糶市場の施設なく其の取引は北大山通、奥町附近等の各自各所に於て相對賣買が行はれ更に信濃町小賣市場の開設繁盛に伴ひ其の附近に移動して自由取引を續けたが市民の激增、內地其の他よりの輸入漸增、奥地との取引發展等に伴ひ商人の自覺を促し大正五年日本人當業者十四名を以て大連靑果輸入商組合大正七年支那人當業者六十二名を以て大連鮮果菜同業組合の組織を見、陸揚品は埠頭上屋又は信濃町小賣市場中庭乃至其の附近空地に於て地物と共に取引されたが大正十五年關東廳は信濃町外三箇所の小賣市場を市の要望に依りて市に移管すると共に果實及蔬菜類の糶市場施設を命じた。玆に於て市は鋭意調査研究を遂げ內地諸都市の施設、生產消費の大勢を考察し簡易保險局より資金を仰ぎ糶市場を建築し昭和三年六月二十七日開市するに至つた。斯くて公定卸賣相場による小賣價格の統制、市民消費經濟の合理化へ第一步を印した然るに其の組織が多數の問屋を擁する複數制度にして市は單に販賣の衝に當るのみなりしを以て精算、仕切上の缺陷、卸賣人と仲買人との兼業の弊害、卸賣人相互の激烈なる競爭等に基く取引の圓滑、價格の公正に就て遺憾の點を認め市自ら一切の衝に當る直營單一制の實施を期し、市會の愼重なる審議、卸賣人との紆餘曲折を經て昭和七年十月五日關東州中央卸賣市場規則を關東廳令を以て公布さるゝと共に同年十一月二十一日現行單一制の實施を見るに至り、玆に始めて大連市の理想的市場が現出し其の機能を發揮することゝなつた。而して現在の市場は土地の狹隘、其の設備上の點等に於て遺憾の點多く、近く適當の土地を撰び之れが改築につき攻究中である。而して組織の大要は

一、荷受、販賣、精算等一切の行爲は市自ら之れを爲す
一、委托を原則とするも特殊の場合は買付を爲すことを得
一、糶賣を原則とし特殊事情なき限り到着後直に之を販賣す
一、仕切金は販賣後三日以內に市會計課より發送す

一、仲買人は資産信用確實なるものを撰び一定の保證金を納付せしめて市之を免許す
一、仲買人相互の福利增進の爲め日本人及滿洲人別に組合を組織せしむ
一、仲買人買受代金は一箇月三回以上（現行六回）の計算日を定め締切後五日以内に市に納付せしむ
一、大量消費者の爲めに仲買人にあらざるも市長の許可を得て賣買に參加せしむるの制度を設く
一、地物の生産者の爲めに立賣制度を設け使用坪數に應じ一定の土地使用料を徵して自由に販賣せしめ買受人も亦何等の制限を受けず
一、現在仲買人數日本人十二名、滿洲人三十名計四十二名
一、市場從業員　市場長以下五十二名
尚ほ各年度別取引高は左表の如くである

		五年度	六年度	七年度	八年度
第一部（日本品）	蔬菜	二七九、四七一円	二八七、〇七〇円	三〇一、一一三円	三九八、六七六円
	果實	五五六、三二九	二四八、七八八	六五六、六五〇	七〇二、八七二
	計	八三五、八〇〇	五三五、八五八	九五七、七六三	一、一〇一、五四八
第二部（臺灣品）	蔬菜	一五、三三二	一一、一八四	三三、六七三	一三五、九三二
	果實	二二三、四六三	二一二、二五一	三〇一、二八一	五一六、三二四
	計	二三八、七九五	二二三、四三五	三四三、九五四	六五二、二五六
	蔬菜	八、三三〇	四、二三一	四、〇二四	一一、〇八九

第三部（朝鮮品）	果實	八、一二二	一四、五五四	三、八八五	一、一四一
	計	一六、四五二	一八、七八五	七、九〇九	一二、二三〇
第四部（支那品）	蔬菜	一〇三、〇一六	一〇九、六一七	六九、〇九七	一一、四〇三
	果實	四八、八三七	三一、〇二九	一九、二六一	九七三
	計	一五一、八五三	一四〇、六四六	八八、三五八	一二、三七六
第五部（地物）	蔬菜	二八六、五五二	二九二、六〇九	四四六、二四九	五八、八四五
	果實	一〇二、六四八	一〇〇、五九九	一二五、一〇一	五、三一一
	計	三八九、二〇〇	三九三、二〇八	五七一、三五〇	六四、一五六
合	計	一、六三二、一〇〇	一、三一一、九三二	一、九六九、三三四	一、八四二、五六六

第六節　博覽會の經營

大連市の主催に依りて經營したる博覽會は第一次及第二次である。第一次は大正十四年八月開會したる大連勸業博覽會にして、關東州市制の實施と、隣接部落たる沙河口、嶺前屯を市に併合し、所謂大大連の基礎をなしたる記念事業として計畫されたものであつて、最初は小規模なる共進會程度のものであつたが、遂に大連觀業博覽會と稱し、滿洲にての最初の試みとして良好なる成績を示したのである。第二次博覽會は、昭和九年七月開催したる大連市催滿洲博覽會であり、實に滿洲建國を記念すると共に、日滿貿易の發展と滿洲國の產業開發を圖り、尙ほ一面には日滿兩國民の渾然たる融合協和を實現せんとしたのであつて、內外各方面の絕大なる協贊を得て開會したのである。この第二次博覽會は、空然の宏大なる規模を以て計畫せられ、一部には多少成績を疑惧された如くであつたけれども、之れ又極めて優秀なる結果を招來し得たのであつた。

大連勸業博覽會　大正十三年十一月新市制に依る新市會が成立するや、第七回市會に於て次の如き意見書が上程され滿場一致にて卽決可決された。

關東州及滿鐵沿線租借以後茲に二十年の星霜を閱し、諸般の施設殆んど其緒に就き、產業の進步亦稍見るべきものあるに拘はらず、未だ內外物產を一堂に集めて廣く衆人に觀覽せしめ、以て產業の奬勵、貿易の發展に資するが如き施設の伴はざるは、市民の均しく遺憾とする所なり、幸ひ今回自治制の施行及大大連の構成されたるを視、且之を記念するがため、大正十四年度に於て市の主催を以て物產共進會を開催せんことを期す、市理事者は宜しく市會の意見を諒とし速に適當の案を具し、市會に提出されんことを望む。

當時村井市長辭職後にあり伊佐助役は市長代理として其職務を代行してゐたけれども、經過法に依つて新市長選任まで漸定的在任に過ぎないため、單に市吏員をして其基礎的調査をなさしめたのみにて、十二月二十七日杉野耕三郎氏新市長に就任するや、始めて本問題の進捗を見るに至つたのである。斯くて各方面の意見を參照して協議の結果、名稱を大連勸業博覽會と稱し、會場を市內西公園內とし、會期は大正十四年八月十日より九月十八日に至る四十日間とし、日華兩國產業貿易の改良發達に資するを目的として、豫算額二十萬圓とし、同豫算に依る收入不足額は關東廳より二萬二千圓の補助金、滿鐵會社より五萬二千圓の寄附金を得ることゝなり、市會の協贊を經て開催する事となつた。會長は杉野市長、副會長は小數賀助役となし、顧問、相談役、評議員、審査長、審査員等は會長より之を推薦し、會場も電氣遊園內に第二會場を設くることゝなり、設備萬端を整へて愈々豫定の如く開會した。斯うした大規模の博覽會は大連市としては創始事業なりしも各府縣及各當業者よりの出品も豫想以上に充實し、觀覽者も福引券附入場券の發賣に依りて一般の趣味を喚起しこれ又非常の好成績を示して、閉會を告げたのである。

滿洲大博覽會　滿洲建國を記念として日滿兩國の產業貿易の發達を圖るべく一大博覽會を開催せんとする計畫は、大連は勿論、奉天、新京、哈爾濱等の各地に於て提唱され、建國祝賀記念日滿產業大博覽會の名に依りて滿洲の四大都市が主催となり、會場も各地に分設して日滿兩國人の共同事業となすべく、第一回協議會は、昭和七年七月奉天商工會議所に於て開催され、次で八月大連ヤマトホテルにて第二回協議會が開かれたが、その結果は各地それ〲事情を異にし、殊に滿洲國に於ては大同五年を期し記念博覽會開催の計畫あるため、昭和八年度に於ては、大連、奉天の兩市共同にて日滿聯合大博覽會を開催するに決した。依つて大連市當局者は奉天側と更に協議したるに、奉天は昭和八年度に博覽會を開催するに不可能なる事情を具陳し來つたので、大連市單獨に經營せざるを得ない立場となり、愈々具體案を作成し市會の協賛を求むることゝなつたのである。之れより先き七月二十九日の第六十六回市會は、左の如き博覽會開催に關する意見書を可決した。

滿洲の局面に最近甚大なる變化を來たし、今や急速に其の產業經濟の進展を見んとするに膺り、之に對應すべき大連市の機構と立場とを中外に宣明し、且つ產業の中、貿易の大市場たる內容整備を促進せしむるため、昭和八年度に於て大連市主催を以て日滿產業貿易に關する大博覽會を開催せんとするは、最も時宜の措置なりと信ず、仍て市理事者は市會の意見を諒し速に適當なる案を具し市會に提出せられんことを望む、右市制第十一條に基き意見書を提出す。

斯くて市當局は大連市單獨主催として昭和八年七月二十三日より八月三十一日に至る四十日間開催の豫定を以て具體案を作成し、十月四日市參事會の同意を得、十月八日之を第六十八回市會に提出し、滿場一致を以て可決確定したのである。卽ち本市に大連市催滿洲大博覽會特別會計を設置し、豫算總額を七十五萬圓とし、昭和七年度に五萬圓、昭和八年度に七十萬圓を支出し、會場を白雲山麓に定め、會長には小川市長、副會長に岡野助役その任に當り、各方面より顧問、相談役、評議員等を委囑し、品田直知氏を事務長に、眞鍋市總務課長其他の市吏員を參事又は書記に任命し、市吏員以外よ

り も 參事、書記等若干名を採用して開催準備に着手すると共に、會場の整理、建築等にも萬全を期し、全國各地に出品及觀覽を勸誘するために、市長、助役、市會議員等各方面に出張して、大に博覽會開催に關して力說に努めたる結果、大連市催滿洲大博覽會は非常に各方面の協贊を博し、殊に軍部方面にては國防館の建設に、滿洲國側は建國館の資料出品に寄與する處少からぬものがあつた。而して內地各道府縣、朝鮮、臺灣の兩總督府からも特設館を設置し、從來曾て見ざりし大規模の博覽會を開催したことは、實に大連市の特殊事業として充分に誇り得るのである。觀覽者も豫想したる數量に達し、福劵附入場劵の發賣も相當に好成績を擧げて、滿洲大博覽會は開催の目的を達成して極めて圓滿に閉會したのである。

大連市政日誌

（本編は市會議事錄、大連市公報を主とし其他の資料蒐集に不便のため從つて繁簡を免れず更に是正を期す）

一、大正四年

十月一日　旅順及大連市規則の實施に伴ひ、大連市役所は市内西通舊衞生組合事務所にて開廳す。

一、大連民政署長は市規則の規程に依り官選議員十五名を選任し、午前八時民政署に召集して第一回市會を開き、大内民政署長議長席に着き、官選議員に依て復選議員十五名を互選す、其當選者に對し直ちに認可の手續をなし休憩す。

一、同日午後三時三十五分第一回市會開會、市長推薦の件を議決し、第一候補者石本鏆太郎氏を選擧し、同日關東都督より選任せらる。

十月二十一日　第二回市會開會、石本市長議長席に着し、市長就任及議長たる事に關し挨拶を述べ、二十一日より二十八日に至る續會に於て議決せる左記諸案に關し、認可申請

一、市會議事規則　二、市會傍聽人規程　三、市役所處務規程
四、市賦課規程　五、小學校授業料規程　六、公學堂授業料規程
七、市會計規程　八、市吏員給與規程　九、宿舍料支給規程
十、公告式　十一、規程其他告示の施行　十二、戸別割等級規程

一、第二回市會に於て大正四年度豫算案を審議し、原案を可決確定す

十一月一日　十月二十八日第二回市會の議決に依り正隆銀行をして市の金庫事務を取扱はしむる件は認可せらる

一、第二回市會にて議決せる認可申請事項は本日附を以て大連民政署より認可せらる

十一月三日　十月二十九日常任委員を互選し委員會を開催して決定せる市區劃決定、區委員選擧の件を認可申請し、十一月十七日附にて認可せらる

十一月十二日　高濱素氏を大連市助役心得に任用方申請し、十七日附任用認可
十二月十三日　常任委員會にて決議せる大連及旅順市規則第十八條第二號に依り賦課すべき大連市手數料規程許可申請同日認可
十二月二十日　同月十八日第三回市會に於て議決せる常任委員會規程及區委員職務規程許可申請、同月規程設定の件認可

二、大正五年

一月十六日　第四回市會開會、會計檢査員互選、元議員岡本芳二郎氏に謝狀贈呈の件及二月六日の續會に於て大正五年度歳入出豫算案、戸別割等級規程改正案、賦課規程改正案、區規約準則承認の件等を議決す
二月七日　大連市賦課規程戸別割等級規程改正の件當局より承認
二月十四日　大連市各區規約準則承認の件認可
四月二十日　助役心得高濱素氏を助役に任用の件認可申請、二十一日附承認
五月十日　第五回市會開會、市役所執務時間及休暇日の件、市吏員及傭人中外勤事務に從事する者の服制案、被服貸與規程等を審議す
五月十二日　第五回市會に於ける同上の件に關し決議に依り認可申請の件は、十二日、十五日、十六日、二十三日の各日に亘りて認可せらる
八月七日　第六回市會開會、會計檢査委員補缺選擧決算委員選擧、大正四年度歳入出決算報告の件可決
十月二十五日　第七回市會開會、三線聯絡問題に關して大連市民を代表して東上中の石本市長より電報にて辭職の申出でありたるを以て「市會は石本市長が三線聯絡問題に關聯して申出でられたる辭意を飜へされんことを望む」と決議し、之を在京中の石本市長に通電す
十一月一日　第八回市會開會、立太子禮賀表奉呈に關する審議を開き、滿場一致を以て、十月二十六日宮內省告示第二十二號に依り定められた樣式に依り「謹奉賀立太子禮」「年月日職氏名」と電文にて在京石本市長に傳達し然るべく取計らはしむることに決議した

三、大正六年

一月十七日　第九會市會開會、區委員の任期に關する規程案、次で二月二十七日、二十八日に亙り續會を開き、大連神社費補助の件、大正六年度歳入歳出豫算案、戸別割等級規程改正案等につき審議した

二月八日　區委員の任期に關する規程許可申請に對し、二月九日認可さる

三月十六日　戸別割等級規程及手數料規程改正の件許可申請に對して認可指令

五月十一日　第十回市會開催、撒水用海水タンク設置に關する件、市場、屠獸場及火葬場の事務を市の經營に移管の件、女子技藝學校設置の件、市の基本財源として土地貸下を都督府に請願の件、學務委員設置に關する建議、大連商業學校擴張並高等商業學校設置に關する建議等を議決す

八月十五日　第十一回市會開會、大連及旅順市規則中改正の儀につき建議案に關し審議し、現在の議員定數三十名を三十六名、別に議員中より議長及副議長を選任することを決議し、大正五年度歳入出決算の件、大内大連民政署長の留任勸告の件につき決議した

十月一日　大連及旅順市規則に依り、村井啓太郎氏外十四名大連市會議員として關東都督より選任せられ、次で右官選議員に依りて平井大次郎氏外十四名復選せらる

十月二十六日　第十二回市會開會、常任委員互選、會計檢査員互選、衛生調査委員互選、財源調査委員互選の件及元議員安田錐藏氏に感謝狀贈呈の件を決議す

四、大正七年

二月十九日　第十三回市會開會、汚物掃除規程案、二十日の續會に休暇規程案を議決し、二十一日には提案を委員附託とす

三月二十七日　第十三回繼續市會開會、旅費規程案、市内旅費規定案、市吏員退職死亡給與金規程案、傭人給與金規程案、給與規程中改正案下水汲取料徴收規程案、基本財産蓄積規程案及北崗子地先海岸埋立許可の出願の件請塵芥燒却場設置方請願の件、近江町其他下層貧民部落取拂方建議の件、臨時市務調査委員規程案、大正七年度市歳入出豫算案、蓄積金歳入出豫算案、教育基金歳入出豫算案等を議決した

三月三十一日　豫算案其他の許可申請に對し當局より認可さる

一、第十三回市會にて議決したる建議案及請願を一括して許可申請す

五月二十五日　第十四回市會開會、戸別割等級決定の件を審議す

六月十三日　第十四回市會續會開會、七月二十五日更に續會を開き、特別委員附託の區劃並組織變更の件、元市會議員井上一男氏に感謝狀贈呈の件を決議す

八月二十九日　第十五回市會開會、市會議員吉野越次氏內地歸國につき、同堀內驛三郎氏不慮の死亡につき兩名の缺員補缺選擧の件、大正六年度歳入出決算報告の件　救恤寄附金處理の件等に關し審議す

九月七日　第十五回市會繼續開會、補缺選擧には河合藤七、小島鉦太郎兩氏當選、救恤金は鈴木商店大連支店の名義を以て滿洲日日新聞、遼東新報兩社に委託し金一萬圓寄附ありたるを以て、兩新聞社より大連市に該寄附金を受入れ救恤事業に支出したしと申出あり、受理することに決議し、大正七年度特別會計窮民救助費歳入歳出豫算案として處理するに決定した。

十月十日　復選議員補缺選擧會を開き、阿部秀太郎氏當選す

十二月二十七日　臨時市會を開會し、大連民政署長大內丑之助氏辭任につき、市會の決議を以て感謝狀贈呈の件を審議し、滿場一致にて感謝狀贈呈を決議す

五、大　正　八　年

二月十日　第十六回市會開會、市規則改正に伴ふ學務委員規程を審議し、次で復選議員神成季吉氏市外へ轉居につき補缺選擧を行ひ、國政與三郎氏當選す

一、學務委員規程認可申請、十一日付を以て認可せらる

二月二十四日　第十七回市會開會、市立大連高等女學校設立の件、大正八年度歳入出豫算案等その他を審議し、女學校假學則案等を決議す、次で本市會は二月二十五日、三月四日に亘りて繼續開會し、歳入出豫算案、高等女學校設立案その他の附屬規程等を決議す

三月一日　大連實科高等女學校設立認可申請に對し三月四日附を以て關東都督より認可

三月五日　實科高等女學校經費中職員俸給に關する八千八百五拾圓補助金下附方申請

一、大連市特別税賦課規程設定の件申請、十九日附認可

一、第十七回市會に決議せる大連市學務委員規程中改正の件、大連實科高等女學校職員採用及俸給規程、宿舍料支給規程中改正の件旅費規程中改正の件、臨時手當給與規程、小學校授業料規程中改正の件、公學堂授業料規程廢止の件に關し認可申請

三月二十四日　第十八回市會開會、大正八年度豫算中變更の件、公設市場に關する件を審議し、公設市場開設は中止することに決定

四月九日　實科高等女學校學則案は、第十九回市會を書面を以て其承認を求め決定した

四月十日　該學則は直ちに認可申請の手續をなし十九日附を以て認可さる

四月十三日　大連市役所は大廣場に建築せる新廳舍に移轉す

五月七日　第二十回市會開會、皇太子殿下御成年の大典を奉祝する賀表奉呈のため臨時市會召集、滿場一致を以て

大連市會ハ

皇太子殿下御成年ノ大典ヲ擧ケサセ給フニ當リ謹ミテ祝賀ノ誠意ヲ表シ奉ル

右御執奏ヲ請フ

大正八年五月七日

大連市長　石本鏆太郎

宮内大臣宛

賀表奉呈を決議した

五月二十六日　第二十一回市會開會、大正八年度戸別割賦課等級決定の件を議決す

六月七日　第二十一回市會續會開會、秋山清、野平道男兩議員退任につき感謝狀贈呈を決議す

六月二十五日　大連實科高等女學校開校式を擧行す

八月二十五日　第二十二回市會開會、大正七年度歲入出決算報告の件、特別會計窮民救助費を支出して外國米を購入し廉價販賣の件を審議し、八月二十九日の續會に於て可決す

八月二十九日　第二十二回續會市會に於て、相生由太郎氏より市政擴充に關する意見の開陳あり、市制調査委員を設くるに決し、相生由太郎、川上賢三、福田顯四郎、中村敏雄、有賀定吉、値賀連、佐藤至誠の七氏を選定す

九月二十五日　第二十三回市會開會、大連及旅順市規則中改正に關する件につき審議したるが、議論紛糾したるを以て決定を保留し、市長任期滿了、議員も其任期滿了するを以て、本問題は後任者に保留の儘引繼ぐ事とし、石本市長の滿期退任の挨拶に對して議員一同より感謝の意を表し閉會

十月一日　大連市會議員任期滿了せしため、石本鏆太郎外十四名官選せらる、新選されたるは板谷丈夫、大來修治、小澤太兵衞、齋藤鶯太郎、木下龍の五氏なり

十月二日　第二十四回市會開會、市長推薦の件及復選議員選擧會を開く、有賀定吉氏外十四名當選、次で市長選擧に入り、第一候補者石本鏆太郎、第二候補者相生由太郎、第三候補者川上賢三氏當選す

一、市會議員に當選したる官選小澤太兵衞、齋藤鶯太郎、大來修治、板谷丈夫及復選、佐藤至誠、中村敏雄、福田顯四郎、岡田時太郎、原田光次郎の五氏は辭表を提出した

一、第二十四回市會に於て市長第一候補者に當選したる石本鏆太郎氏は、市長就任を絕對に固持せるも、とに角市會にては市長選擧を終了した

十月十六日　復選議員の補缺選擧を行ふ、當選者は阪井慶治、野津孝次郎、平田包定、遠藤裕太、平井大次郎の五氏に決定す、官選議員の補缺には阿部秀太郎、岩藤與十郎、田邊敏行、辻慶太郎の四氏任命さる

十月二十日　第二十五回市會開會、市長の推薦は當分之を延期すと決議す

十一月三日　第二十六回市會、同五日第二十七回市會は以れも流會す
十一月七日　第二十八回市會開會、常任委員、會計檢査員、財源調査委員、學務委員、衞生施設調査委員、市制調査委員互選の件、隔離所を住宅として一時貸下等の件に關し、十一月十日續會を開きて議決す

六、大正九年

二月十六日　第二十九回市會開會、市規則改正に關する建議案に關し審議、市制調査委員會の作成したる原案を可決した
三月十三日　第三十回市會開會、二十三日の續會に亘り大正九年度歲入出豫算及商工學校建設に關し審議し之を決議す
四月二十四日　南滿洲工業專門學校長今景彥氏に商工學校創立事務を委囑し、市役所內に假事務所を設く
五月二十八日　第三十一回市會開會、六月二十二日、二十六日の三回に亘り續開、戶別割賦課等級決定の件、各委員補缺選擧の件を議決し、二十六日には市規則改正に關する建議案に關し緊急動議提出され、市規則の一部卽ち議員選擧に關して速急に改正を要望するにありて委員立川、野津、値賀、坂井五氏に委託され理事者に於て案を作成して建議するに決す
七月十六日　第三十二回臨時市會を開き、復選議員村田誠治氏內地歸國のため辭任につき補缺選擧を行ひ黑崎眞也氏當選す
八月二十八日　第三十三回市會開會、區委員任期滿了につき、選擧を行ふ
十二月二十九日　第三十四回市會開會、市長推薦に關し審議し、二十四日及二十七日兩日の議員協議會にて銓衡委員に一任したる候補者を滿場一致推薦するに決し、第一候補者村井啓太郎氏、次で選擧に依り第二候補者石本鏆太郎、第三候補者川上賢三氏に決定す
十二月三十一日　村井啓太郎氏大連市長に選任せらる

七、大正十年

一月十三日　助役高濱素氏辭表提出、同日退任の件認可せらる
一月二十四日　第三十五回市會開會、二十七日續會を開き開會に際して村井市長、就任の挨拶をなし、引續き石本前市長に對する感謝狀、高濱前

助役退職給與金等を決議す

三月五日　第三十六回市會開會、市の金庫事務を取扱はしむべき銀行增置を決議し、正隆銀行の外に滿洲銀行を加ふ

三月十四日　同上市會の續會を開き大正十年度歲入出豫算を審議し可決す、同時に住宅料規程、旅費規程中改正の件を決議す

三月二十八日　第三十七回市會開會、大正九年度戶別割等級賦課額徵收に際し、當時の市理事者は市會の決議を無視して過誤の徵收をなしたるため善後措置として戶別割等級規程改正を附議したが市會に於て議論百出して遂に決するに至らず、尙ほこの結果市會議員川上賢三、平田包定、遠藤裕太、有賀定吉、野津孝次郎、大庭仙三郎の六氏は議員を辭任した

四月七日　復選議員補缺選擧を行ひ、神成季吉外五名當選した

四月十六日　第三十八回市會開會、前回の問題に關し理事者より監督官廳の意見を聽取し、過誤徵收を默認して戶別割等級規程の改正を決議したが、尙ほ本市會に於て次の如き決議案が可決された

大正九年度戶別割徵收ニ際シ其賦課率ヲ誤マリ爲メニ法人ニ對シ其累ヲ及ホシタルハ市會ノ頗ル遺憾トスル處ナリ

右決議ス

四月二十三日　大連市立商工學校は市役所樓上に於て假教室を設け授業を開始した

五月九日　第三十九回市會開會、六月二日續開して大正十年度戶別割賦課額決定の上、各委員の補缺選擧を行ふた

五月十九日　伊佐壽氏を大連市助役に任用し、二十日就任の認可あつた

七月二十日　實科高等女學校は彌生町に新築の校舍竣成し移轉す

八月十九日　第四十四市會開會、大正九年度決算報告、職業紹介所新設に關する規程等を審議し、二十四日續開、決算報告及職業紹介所規程を可決し、更に平井大次郎氏外若名の辭職せる前議員に對して感謝狀贈呈を決議し、市制改正建議に關して調査委員より關東長官訪問の經過を報告した

十一月二十五日　第四十一回市會開會、十二月九日の續會にて南山麓宅地拂下申請の件、土地處方調査委員選定の件を決議し、委員相生由太郎外八氏を選擧す、尙ほ本市會に於て、十一月二十三日發布されたる市會議員半數民選に關し選擧方法、資格調査等に關し理事者より報告あり、尙ほ議員立川雲平氏は其住所を沙河口聖德街に移轉したるため議員を失格した

十一月二十九日　市立商工學校は壹岐町に新築中なりしが竣功せしを以て新校舍に移轉した

八、大正十一年

一月十三日　第四十二回市會開催、市會議員選擧人名簿に關し異議申立決定の件及大連市公告式を遼東新報、滿洲日日新聞、大連新聞及漢文謬文を泰東日報に揭載方變更決議

一月二十五日　第四十三回市會開會、南山麓土地賣却規程細則案、土地事業計畫案、其他關係規程を審議し可決す

二月一日　大連及旅順市規則改正に伴ひ、市會議員の半數を民選することゝなり、本日選擧を行ふと共に官選議員は田邊敏行外十七名選任され民選議員は上中治外十七名當選した

二月十日　第四十四回市會開會、各委員の改選及補缺を行ふ

二月十三日　大連市立實科女學校は學則を改正して本科を主とし實科を併置して校名を大連市立高等女學校と改稱す

三月二日　第四十五回市會開會、三月四日及三月二十日の三回に亘り繼續開會し、大正十一年度歲入出豫算を審議可決した、次で大連第二中學校及民國人中學校、寺兒溝公學堂設立に關する建議案を可決す

四月四日　第四十六回市會開會、四月十七日續開して戶別割賦課等級を決定し、滿期退任したる前市會議員に感謝狀贈呈を決議す

五月二十二日　第四十七回市會開會、市營住宅建築資金として大藏省より低利資金百萬圓を借入れ、南山麓土地代に六十三萬圓を關東廳に納付し殘額三十七萬圓を以て市營住宅を建設するの件を決議す

七月十日　第四十八回市會開會、特別會計南山麓土地經營歲入出追加豫算を議決す

八月二十九日　第四十九回市會開會、大正十年度決算報告の件、同十一年度追加豫算の件等を附議し、更に銀建併用に關する建議案を可決した

九月十八日　第五十回市會開會、銀建併用建議案に關して、大連民政署長より市會の權限外なりとし建議案を却下した、次で市營住宅貸付規程案を可決

十月十九日　第五十一回市會開會、銀建併用建議案却下に伴ひ市會の決議を尊重すべく特別委員を選定し、委員は新任伊集院關東長官に面陳して

市會の意見のある處を述べ其諒解を得たる旨を報告す

十二月十二日　第五十二回市會開會、市制改正に關する關東長官に申請の件を決議す

九、大正十二年

二月十五日　第五十三回市會開會、七日及二十六日の續會に亘り大正十二年度大連市歳入出豫算案を議決した

四月十日　第五十四回市會開會、二十六日續會に於て大正十二年度戸別割賦課額決定の件、常任委員補缺選擧の件、市營住宅建築の件、市會議員選擧規則中改正建議案を決議した

八月二十五日　第五十五回市會開會、市金庫事務取扱銀行變更の件を決議し、從來大連銀行に取扱しめたるを滿洲銀行に變更す

九月四日　第五十六回市會開會、關東大震火災に對し、天機奉伺及御機嫌伺の件を可決した

天機奉伺

大震災ノ報ニ接シ御軫念ノ程拜察シ奉リ恐懼ニ堪ヘス玆ニ大連市民ヲ代表シ謹ミテ、天機ヲ伺ヒ奉ル

右御執奏ヲ請フ

大連市長　村井啓太郎

宮內大臣子爵牧野伸顯宛

御機嫌伺

大震災ノ報ニ接シ玆ニ大連市民ヲ代表シ謹ミテ御機嫌ヲ伺ヒ奉ル

右御言上ヲ請フ

大連市長　村井啓太郎

皇后宮大夫男爵大森鐘一宛

東宮大夫伯爵　珍田捨巳宛

一〇、大正十三年

一月二十六日 臨時市會開會、皇太子殿下御成婚の大典を奉祝する賀表奉呈のため臨時市會召集、滿場一致を以て

大連市會ハ

皇太子殿下御結婚ノ大典ヲ行ハセラルルニ方リ大連市民ヲ代表シ謹ミテ祝賀ノ誠意ヲ表シ奉ル

右御執奏ヲ請フ

大正十三年一月二十六日

大連市長　村井啓太郎

內大臣宛

御結婚ヲ行ハセラルルニ方リ大連市民ヲ代表シ殿下ノ壽幸ヲ祝賀シ奉ル

右御言上ヲ乞フ

大正十三年一月二十六日

大連市長

東宮大夫宛

賀表竝賀牋奉呈を決議した

二月二十日 第五十八回市會開會、三月十五日續會に亘り大連市立商工學校學則改正案、大正十三年度大連市歲入出豫算案を議決した

三月二十七日 第五十九回市會開會、市會議事規則中改正案を決議した

三月二十九日 第六十回市會開會、馬欄河埋立豫定地を大連競馬倶樂部へ貸付條件案を決議した

四月十日 第六十一回市會開會、馬欄河埋立豫定地を大連競馬倶樂部へ貸付條件案再議の件を議決した

六月二十九日 關東廳告示を以て沙河口會及嶺前屯會の譚家屯を七月一日より大連市區域に編入さる

七月一日 勅令第百三十號を以て關東州市制公布さる、同日關東廳令第三十五號を以て關東州市制施行規則を定められ、關東州市制は大正十三年

八月一日より之を施行すと廳令第二十四號を以て定めらた

七月三日　第六十二回市會開會、十一日續會に亘り新編入地大正十三年度戸別割賦課案を決議した

七月三十日　關東廳告示を以て嶺前屯會嶺前屯を大連市區域に編入さる

八月一日　第一回市會開會、收入役代理者を定むる件、督促手數料規程案、市金庫取扱者より擔保を徵する件を議決した

一、主事江口正兵衞を收入役代理者に任用方を申請し、二日認可

八月十六日　第二回市會開會、十八日續會に亘り大正十三年度第二次戸別割新規賦課案を決議した

九月十八日　市長村井啓太郎辭職の件を許可申請し十九日認可さる

九月二十五日　第三回市會開會、前市長村井啓太郎辭任につき、感謝狀贈呈の件を審議し、滿場一致にて感謝狀を贈呈することを決議した

十月十一日　第四回市會開會、十四日續會に亘り大連市會議員選擧人名簿に關する異議申立決定の件を議決した

十月二十四日　第五回市會開會、選擧資格不服申立に關する辯明の件を決議した

十一月一日　關東州市制施行規則第三條に依り李舛海外六名を大連市會議員に選任さる

一、大連市會議員選擧を執行し立川雲平外三十二名當選した

十一月十二日　第六回市會開會、市會議長及同副議長選擧を行ひ、議長立川雲平、副議長貝瀨謹吾當選

十一月二十日　第七回市會開會、二十九日、十二月二日續會に亘り市長候補者選擧の件、物産共進會開催に關する意見書提出の件、工科大學存續に關し關東長官に建議の件を議決し市長第一候補者に川上俊彦氏當選した

十二月五日　第八回市會開會、市長及助役有給規則制定の件を議決した

十二月二十六日　第九回市會開會、第七回市會に於て選擧した市長候補者三名より就任を辭退したるにつき市長候補者の再選を行ひ第一候補者杉野耕三郎氏を推薦し、二十七日附市長に選任さる

一一、大正十四年度

一月十日　第十回市會開會、町名設定に關し民政署長より諮問の件を議決した

二月十七日　第十一回市會開會、三月六日續會に亘り大連勸業博覽會開催に關する件を議決した

三月十一日　第十二回市會開會、十二日及二十日の續會に亘り名譽職市長報酬規程案、大連市立商工學校學則改正案を議決した

三月二十八日　第十三回市會開會、四月二日及七日に亘り大連市特別税遊興税規則案、大連市契約規則案、區長設置規程案、退職者へ慰勞金退職給與金贈呈の件、助役有給規則制定の件を議決した

三月三十一日　助役伊佐壽氏辭職につき許可を申請し、四月二日認可

四月十八日　第十四回市會開會、二十八日、五月九日、十日、六月十五日、十九日、七月十八日、二十五日、二十八日、八月二十六日、九月三日十六日の續會に亘り助役收入役決定の件、大正十四年度特別會計大連勸業博覽會歲入出追加豫算及更正豫算、市事務擴張に付申請の件、大連商業學校移管に關する意見書案、大連市立高等女學校移管に關する意見書を決議した

一、小數賀政市氏を大連市助役に、關東氏を大連市收入役に任用方申請し、二十一日附任用認可

五月二日　第十三回市會にて議決した大連市契約規則認可さる

五月十日　第十四回市會續會に於て兩陛下御結婚滿二十五年御慶典に方り賀表捧呈の件を可決した

謹ミテ天皇陛下皇后陛下御結婚滿二十五年ノ御慶典ヲ祝シ奉ル

右御執奏ヲ請フ

大正十四年五月十日

大連市長　杉　野　耕　三　郎

宮　內　大　臣　宛

皇　后　宮　大　夫　宛

五月十四日　市制調査のため市政調査員職制を設け主事一人書記若干人を置き市の事業に關する事項、市の財源に關する事項、其他市政に關し必要と認むる事項を調査す

八月十日　大連勸業博覽會開會式を電氣遊園ドの本會場にて擧行す、各方面代表出席者千餘名非常の盛典であつた
九月十八日　大連勸業博覽會は、好成績を擧げて本日閉會式を擧行した
九月二十九日　第十五回市會開會、十月八日續會に亘り大正十四年度特別會計大連勸業博覽會歳入出追加豫算案を審議した
十一月二十六日　第十六回市會開會、市債償還方法變更の件を審議した
十二月十二日　第十七回市會開會、皇孫殿下御降誕に付賀表竝賀牋捧呈の件を可決した

賀　表

皇孫殿下御誕生在ラセラレ恭賀ノ至リニ堪ヘス本日御命名ノ儀ヲ行ハセラルルニ方リ謹ミテ祝シ奉ル

大連市長　杉　野　耕　三　郎

右御執奏ヲ乞フ

宮内大臣　一木喜德郎宛
東宮大夫伯爵　珍田捨巳宛

二、大正十五年 昭和元年

一月八日　第十六回市會にて議決した市債償還方法變更の件認可さる
二月八日　第十八回市會開會、大連市公告式規則案、關東廳經營事業の一部を市に移管に關する件、市事務擴張に付申請の件を決議した
二月九日　大連市公告式規則の認可を申請し、二十三日附認可
（大正四年十月市規程第一號、同年十一月市告示第一號は之れを廢止した）
二月二十七日　大連市公報發行規程を設く
一、大連市公告式規則を定め、本市規則其他公告を要するものは大連市公報に登載することに決定し、公報に登載する遑なきものにありては該告示を大連市役所の掲示場に掲示する事とした

三月十三日　第十九回市會開會、十五日、十六日、二十五日の續會に亘り名譽職員費用辨償規程案、大連市小賣市場規則案、大連市公園規則案、大連市質舗規則案、大連市屠場規則案、大連市火葬場規則案を議決した

三月二十五日　關東廳告示を以て大連市内に於ける信濃町、山縣通、沙河口及小崗子市場、大連及沙河口火葬場、大連共同墓地、公設厠、西公園大連屠場及街燈は四月一日より大連市に移管さる

三月二十六日　大連市小賣市場規則、大連市公園規則、大連市屠場規則、大連市火葬場規則を認可申請し、三十一日附認可

三月三十一日　市役所事務分掌規程を設け庶務課、學務課、衞生課、社會課、財務課及會計課を置く

四月十二日　第二艦隊來航につき杉野市長は大連市民を代表して旗艦霧島に谷口司令長官を訪問し、大連市より同艦隊乘組員に對し清酒七樽入浴券七千枚を贈呈した

四月十六日　練習艦隊來航につき杉野市長は大連市民を代表して旗艦八雲に山本司令長官を訪問し御搭乘中の伏見宮博義王殿下、山階宮萩麿王殿の御機嫌を奉伺した、同時に大連市より兩殿下に對し滿蒙寫眞帖各一册献上し司令長官に盆栽三鉢、乘組員に淸酒二樽及入浴券千五百枚を贈呈した

四月十九日　第二十回市會開會、五月一日續會に亘り大正十五年度市税戸別割賦課額決定の件を審議した

五月五日　黑金拓殖局長官來廳す

六月十日　午前十時中央公園に於て李王殿下遙拜式を行ひ市長發起人を代表して奉悼文を奉讀し尙式後李王職長官閔泳綺氏宛弔電を發した

六月二十日　勅令を以て關東州公立學校官制公布せられ、廳令を以て關東州公立學校規則制定發布と共に本市立高等女學校及商工學校は卽日公立學校として其の設置を認められた

七月七日　第二十一回市會開會、名譽職辭任の件を承認した

一、第一遣外艦隊來航につき八日杉野市長は大連市民を代表して旗艦利根に永野司令長官を訪問した

八月三十日　第二十二回市會開會、大正十五年度大連市歲入出追加豫算案を議決した

九月二十二日　閑院宮載仁親王殿下には關東廳始政二十年記念祝賀式竝日本赤十字社滿洲支部總會に臺臨のため御來連あらせられた。大連市に於

ては埠頭港橋北詰道路に奉迎門を建設し又市内各戸には國旗提燈を掲げて奉迎の誠意を表した、當日杉野市長は埠頭に殿下を奉迎し大連ヤマトホテルに御着後拜謁を賜はり御機嫌を奉伺した

九月二十五日　市内電氣遊園に於て閑院宮載仁親王殿下の臺臨を仰ぎ關東廳始政二十年大連市祝賀會を開催した。式後杉野市長は御宿所ヤマトホテルに伺候御禮言上の上、大連市街地圖、大連市勢要覽、大連一班等を献上し、杉野市長、小數賀助役及立川市會議長は星ヶ浦ヤマトホテルに於て殿下に拜謁を賜はる、同日午後六時から市内學校生徒及團體は大廣場に集合して奉祝提燈行列を擧行した

九月二十六日　大連市長は大連民政署長を經て、殿下に硝子彫刻花瓶一對を献上した

十月二日　閑院宮載仁親王殿下にはヤマトホテル御出發沿道全市民の熱誠なる奉送を受けさせられ萬歳裡に香港丸にて御歸京の途に上られた

十月二十二日　長慶天皇御在位親告の御儀行はせらるゝにつき當日臨時休廳した

十月二十五日　第二十三回市會開會、市金庫事務の取扱を爲すものより擔保を徴する件中改正案を議決し、龍口銀行を削除した

十一月二十五日　榮町衛生作業所は市内榮町一番地に移轉した

十一月二十九日　第二十四回市會開會、十日及十五日續會に亘り住宅料規程案、中央公園改良計畫變更の件、工業專門學校問題等を議決した

十二月十日　第二十四回市會續會に於て、聖上陛下御不例に亘らせられるに對し、天機奉伺の件を可決した

天機奉伺

天皇陛下御違例ノ趣拜聞シ恐懼ニ堪ヘス、玆ニ市會ノ議決ヲ經テ恭ク天機ヲ奉伺シ謹ミテ御平癒ノ速ナラムコトヲ祈リ奉ル

右御執奏ヲ乞フ

大連市長　杉　野　耕　三　郎

宮内大臣宛

御機嫌奉伺

天皇陛下御違例ノ趣ヲ拜聞シ恐懼ニ堪ヘス、玆ニ市會ノ議決ヲ經テ恭ク御機嫌ヲ奉伺シ謹ミテ御平癒ノ速ナラムコトヲ祈リ奉ル

右御言上ヲ乞フ

皇后大夫
東宮大夫　宛
大連市長　杉野耕三郎

十二月十三日　大連市民は大連神社に於て、聖上陛下御病氣御平癒祈願式を執行した

十二月二十五日　第二十五回市會開會、聖上陛下御登遐あらせられたるに對し天機奉伺竝御機嫌奉伺の件を可決した

天機奉伺
大行天皇御登遐ノ御事ヲ拜承シ奉リ恐懼ニ堪ヘス、茲ニ市會ノ議決ヲ經テ謹ミテ敬悼ノ意ヲ表シ天機ヲ伺ヒ奉ル
右御執奏ヲ乞フ
大連市長　杉野耕三郎
昭和元年十二月二十五日
宮內大臣　一木喜德郎宛

御機嫌奉伺
大行天皇御登遐ノ御事ヲ拜承シ奉リ恐懼ニ堪ヘス、茲ニ市會ノ議決ヲ經テ謹ミテ御機嫌ヲ伺ヒ奉ル
右言上ヲ乞フ
大連市長　杉野耕三郎
昭和元年十二月二十五日
皇后大夫宛
皇太后大夫宛

十二月二十五日　大行天皇崩御あらせられたるにつき大連民政署御眞影奉安室に於て市長以下吏員竝市會議員一同參列、遙拜式を執行した

十二月二十六日　大連神社境內に遙拜殿を設け市主催にて市民一般の遙拜式を行ふた

十二月二十八日　大連民政署貴賓室に於て朝見式遙拜式を行ふた

一三、昭　和　二　年

一月二十九日　杉野市長は關東州在住民代表として大喪儀參列の爲出發上京し二月十七日陸路歸任した
二月七日　大喪儀當日大廣場小學校々庭に遙拜場を設け御轜車御發引の時刻を期して官民合同遙拜式を執行した
二月十九日　第二十六回市會開會、三月三日、四月十一日及二十二日の續會に亘り大連市立商工學校學則中改正の件、町界變更に關し大連民政署長より諮問の件、市規則改正に關する意見書案、馬欄河埋築許可追願の件等を議決した
三月二十五日　大連市會議員補闕選擧を執行し、竹田菅雄氏、柄内壬五郎氏、高橋仁一氏、實性確成氏の四名が當選した
四月二十二日　第二十六回市會秘密會開會、五月三日の續會に亘り議員懲罰に關する件を可決した
五月七日　第二十七回市會開會、名譽職參事會員補缺選擧を行ひ、大内成美氏外五名當選した
六月七日　第二十八回市會開會、十一日續會に亘り大連市屠場規則中改正案、大連高等女學校專攻科設置に關する意見書案等を議決した
六月十日　市政調査委員職制を廢止した
一、午砲を廢して電氣遊園内大連消防組二十周年記念塔上に取付た電氣笛を以て正午より二分間午報を實施す
六月十四日　大連市屠場規則中(屠場分場設置の件)を認可申請し、八月十三日附認可
七月十七日　市立職業紹介所は常盤町十七番地社會館内に移轉した
九月三日　第二十九回市會開會、滿鐵運動場擴張竝改造許可の件、市の區域擴張に關し申請の件、關東廳及關東廳高等法院移轉に關する意見書案等を可決した
九月十六日　內親王(久宮祐子)御誕生在らせられたるにつき御命名の儀行はせらるゝに方り杉野市長より天機竝御機嫌を奉伺す
十月一日　大連市立高等女學校講堂に於て第一回商工業從事員表彰式を擧行す、模範從事員八十二名三十年以上勤續者一名、二十五年以上勤續者一名、二十年以上勤續者三十二名、十年以上勤續者三百八十二名

十月十二日　第三十回市會開會、市會副議長選擧を行ひ大内成美氏當選す

十月二十七日　第三十回市會續會開會、十一月四日、十二日、二十六日に亘り滿鐵社員消費組合竝關東廳職員購買組合撤廢に關する意見書案を審議可決した

十一月三日　最初の明治節につき大連市は電氣遊園下空地に齋場を設け遙拜式を執行す、此日天氣晴朗にして學校生徒、在鄕軍人其他諸團體員及多數市民の參列者あり

一、明治節御設定の御趣旨を一般に普及徹底せしめ明治大帝の御盛德を欽仰し奉らんが爲め「盛業を仰ぐ明治節」と題する小册子竝「最初の明治節に就いて」の印刷物を市民一般に頒布す

十一月二、三及四日　の三日に亘り明治節に最も意義深き催として大連市役所、大連園藝會主催を以て社會館に於て菊花展覽會を開催し一般作菊家の逸作を集め一般の觀覽に供し非常の盛況を呈した

十一月三日　市立高等女學校講堂に於て市役所在鄕軍人聯合分會、皇道會、皇道普及會、修養團の聯合主催を以て「明治天皇御聖德記念大講演會」を開催し多數の來聽者があつた

十二月八日　市立大連屠場に沙河口分場、寺兒溝分場を設け業務も開始す

十二月二十五日　大正天皇御一周年祭に際し大連市に於ては大廣場小學校々庭に於て遙拜式を嚴修した

一四、昭和三年

二月六日　第三十一回市會開會、二十八日、二十九日續會に亘り特別會計設置の件、起債に關する件、大連市卸賣市場規則案、大連市立高等女學校名改稱及學則中改正の件、大連市基本財產蓄積規則案等を議決した

二月二十九日　第三十一回市會に於て議決した大連市立高等女學校を大連彌生高等女學校と改稱の件を認可申請し、三月二十二日附認可

一、第三十一回市會に於て議決したる大連市卸賣市場規則制定の件を認可申請し、四月十四日附認可

一、第三十一回市會に議決したる大連市基本財產蓄積規則制定の件を認可申請し、八月十八日附認可

三月八日　久宮祐子内親王殿下御薨去につき大連市長は市民を代表し大機並御機嫌奉伺す
三月十三日　内親王殿下御喪儀遙拜式を大連神社境内に於て嚴修す
三月三十日　關東廳告示を以て西山會臺山屯、黑礁屯及老虎灘會の寺兒溝屯を四月一日より大連市區域に編入す
四月一日　大連市立高等女學校を大連彌生高等女學校と改稱す
四月十二日　吉川司令長官麾下の第二艦隊は當港に入港、杉野市長は同日艦隊の旅順出港に先ち旗艦に司令長官を訪問す
四月十三日　滿鐵社員俱樂部に於て市民合同乘組員歡迎會を開催し吉川司令長官以下各幕僚及將校准士官三百名出席す
四月三十日　第三十二回市會開會、五月八日續會に亘り昭和三年度戸別割賦課額決定の件を審議した
五月五日　柳樹屯駐剳歩兵第二十八旅團は急遽山東方面に派遣を命ぜられ駐剳地出發につき杉野市長は小泊庶務課長を帶同同日柳樹屯に赴き外山旅團長及小野歩兵第五十聯隊長を訪問、市民を代表して送別の挨拶を述べ、當日派遣部隊當港出帆に際し市區關係者、學校生徒、諸團體及多數市民盛大なる見送を爲し萬歳裡に任地に向けた
五月二十二日　社會館宿泊者講習生其の他一般の便宜を圖るため同館內地下室に簡易食堂を開設す
五月二十五日　第三十三回市會開會、實業野球團運動場選手休憩所新築工事許可の件を可決した
六月二十七日　市設中央卸賣市場の業務を開始す
七月二十四日　第三十四回市會開會、八月三十日續會に亘り大連市有功者待遇規程案を可決した
九月二十二日　十一月一日行はるべき大連市會議員選擧人名簿を同二十八日迄每日午前九時より午後四時迄當所に於て關係者の縱覽に供す、該人名簿に登錄した有權者數は一萬三千六百人
十月七日　市民體育奬勵の目的のため滿洲日報社と合同して金州方面に大連市民體育デー遠足會を擧行す
十月十一日　第三十五回市會開會、十八日續會に亘り大連市恩賜基本財產蓄積規則案を審議可決した
十月十九日　大連市恩賜基本財產蓄積規則制定の件を認可申請し、十一月十五日認可
十一月一日　大連市會議員の選擧を次の通り行ふ

選擧會場　大連彌生高等女學校、第一投票分會場常盤小學校、第二分會場大正尋常小學校

十一月二日　同四日迄（鉢物）及十一日（切花）御大典奉祝菊花展覧會を社會館に於て開催した

十一月九日　第三十六回市會開會、市會議長及副議長の選擧を行ひ、議長に村田懿麿氏、副議長に田中宇市郎氏當選

十一月十日　第三十六回市會續會に於て天皇陛下御即位式御擧行の佳辰に對し賀壽捧呈の件を審議し滿場一致を以て左の賀詞を奉呈するに決議す

天皇陛下御即位ノ大典ヲ行ハセラルルニ方リ大連市會ノ議決ヲ具シ謹ミテ賀シ奉ル

右御執奏ヲ乞フ

昭和三年十一月十日

大連市長　杉　野　耕　三　郎

宮内大臣　一木喜德郎宛

一、電氣遊園下空地に新設せる式場に於て本市主催の御大典奉祝式を最も嚴肅に執行す、當日參列者、市長以下吏員、市會議員、區長、各官署員、滿鐵其他銀行會社員一般市民無慮一萬餘にして場内立錐の餘地なく非常の盛況、尙奉祝提灯行列を行ふため午後五時電氣遊園下廣場に集合、杉野大連市長先頭、豫定の順路を行進し大連民政署前に於て任意解散、又西部大連方面は沙河口神社境内に集合、小數賀助役先頭、聖德太子堂前にて解散、參加團體各中等學校、滿鐵、在鄕軍人會、官公衙團體、各區其他各種團體合計一萬六千二百人

十二月三日　第三十七回市會開會、常設委員選任の件を可決した

十二月二十四日　第三十八回市會開會、二十七日續開に亘り市長候補者選擧の件につき候補者の資格要件調査の爲調査委員を指名す

十二月二十六日　大連市長杉野耕三郎氏は任期滿了す

十二月二十七日　大連市長闕員中助役小數賀政市氏其の職務を代理す

一五、昭　和　四　年

一月十五日　杉野前市長は市長事務を市長代理小數賀助役に引繼ぐ

三月一日　第三十八回市會續開、前市長へ感謝狀竝慰勞金贈呈の件、前市會議員へ感謝狀竝記念品贈呈の件を審議し可決した

三月五日　同二十日第三十八回市會續開し大連市小學校授業料規程中改正の件を決議す

三月七日　第三十八回市會續開し、市長候補者選擧の件につき指名されたる調査委員より報告の後選擧を執行し第一候補者に石本鏆太郎氏當選す

三月十三日　石本鏆太郎氏大連市長に就任す

三月二十三日　大連市小學校授業料規程を大連市小學校授業料規則に改め同規程中改正の件を認可申請し三十一日附認可

三月二十七日　四月二十三日に亘り滿洲駐劄第十四師團は第十六師團と交代することゝなり、歸還派遣の爲兩師團各部隊の發着に際し市民關係者竝市民は滿腔の誠意を以て歡送迎す、尙柳樹屯、旅順駐劄部隊は直接同地に於て上陸、乘船につき四月十九日石本市長は小泊庶務課長帶同、柳樹屯に小杉派遣第十九旅團長、外山歸還第二十八旅團長及各部隊長を、同二十四日旅順に名越派遣第九聯隊長、藤田歸還第十五聯隊長を夫々訪問歡迎、惜別の挨拶を爲した

四月七日　谷口司令長官麾下の帝國海軍聯合艦隊所屬第一艦隊は靑島より、第二艦隊は旅順より大連灣頭に投錨す、石本市長は小數賀助役、小泊庶務課長を帶同、當市官民代表者と共に第一艦隊旗艦陸奥に谷口司令長官を訪問、第二艦隊旗艦榛名に大角司令長官を訪問し同艦に御乘組の高松宮殿下に伺候して御會釋を賜はる、碇泊中に於ける市の歡迎方法は次の如し
休憩所の設備、聯合艦隊歡迎柔劍道大會(滿鐵大連道場、大連市民合同聯合艦隊歡迎會、艦隊對抗相撲競技大會

四月十五日　野村司令官の座乘せる帝國練習艦磐手は僚艦淺間と共に入港す、小數賀助役、小泊庶務課長官民代表者と共に旗艦に司令官を訪問し歡迎の意を表した

四月二十五日　市公報を添付すべき日刊新聞を滿洲日報に指定す

四月三十日　第三十九回市會開會、五月九日續開し南山麓土地經營に關する特別會計規程廢止の件を議決した

五月二十日　第四十回市會開會、助役決定の件、收入役決定の件は承認せずして否決す

五月二十二日　昭和三年十月三十一日を以て任期滿了した前市會議員諸氏に對し感謝狀竝記念品を贈呈す

五月十二日　婦人の情操向上、體育奬勵を目的とする滿洲最初の催したる五月祭を大連運動場に於て滿洲日報社後援にて開催す

五月二十三日　社會館に於て通俗滿洲事情講演映畫會を開催、高柳將軍の「滿洲事情に就て」と題する講演及映畫と相俟ち滿洲に對する智識啓發に資する處不尠、來會者軍人其他四百名に及ぶ

五月二十五日　英國巡洋艦「カンバーランド」號入港、艦長は市長を訪問せらる、右答禮のため小泊庶務課長は市長代理として艦長を訪問し市長より盆栽一鉢、草花二鉢を贈呈す

六月一日　南山麓土地經營に關する特別會計規程を廢止す

六月十五日　海軍飛行艇警戒の驅逐艦橘入港す

六月十七日　佐世保海軍航空隊の海軍飛行艇二機は中島大尉指揮の下に大連市の上空を訪問し大連港内に無事着水す、石本市長、小泊庶務課長埠頭に兩飛行士を迎へ當日滿鐵合同、大連ヤマトホテルに於て飛行艇搭乘准士官以上驅逐隊司令官橘艦長の歡迎會を開催す

七月二十九日　第四十一回市會開會、市會議長村田懲麿氏辭任につき議長選擧を行ひ恩田能壽郎氏當選、助役決定の件、收入役決定の件に移り、瀨谷佐太郎氏を助役、近藤誠久氏を收入役に推薦、大連彌生高等女學校移管に付申請の件を議決した

八月二十三日　第四十二回市會開會、二十九日續開し本市常設委員を推薦決定す

九月四日　市役所事務分掌規程中改正「課」を「係」に改め、新たに調査係を加へ、係に主任を置き主事を以て之に充て、會計係主任は收入役を以て之に充て「課長」を「係主任」に改む

九月三十日　內親王(孝宮和子)殿下御誕生在らせられたるに對し大連市長より天機、御機嫌を奉伺す

十一月二日　第四十三回市會開會、十四、二十二日續開し、前市會議長及副議長へ感謝狀竝記念品贈呈の件、大連市公益の爲昭和製鋼所を大連近接地域に設置の意見書を關東長官及大連市長に提出の件を議決した

十二月十六日　第四十四回市會開會、大連市政に關し關東長官、大連民政署長及大連市長に對し意見書提出の件を審議し石本市長不信任案を決議す

一六、昭和五年

一月八日　第四十四回第二日の續會に於て石本市長不信任の意見書に對し大連民政署長より右意見書は所謂市の公益に關する事項の範圍に屬せざ

る議決なりとして取消を命じた通知を市長より報告し、次で市事務檢査に關する市場委員十三名、衞生委員十三名を選任した、尙ほ二月三日の續會に於て石本市長辭職につき、市長候補者選擧會を開き、第一候補者田中千吉、第二牛島蒸、第三若月太郎の三氏當選す

二月三日　大連市長石本鏆太郎氏市長を辭任す

二月四日　瀨谷助役は大連市長闕員中其の職務を代理す

一、高松宮殿下御結婚御慶典を行はせらるゝにつき大連市長代理は市民を代表し石川別當宛祝電を發す

二月五日　第四十四回市會決議により市長及助役有給規則を制定し、本市市長及助役は之を有給とす

二月五日　名譽職市長報酬規程は之を廢止す

二月七日　石本前市長は市長事務を瀨谷市長代理助役に引繼ぐ

二月二十一日　田中千吉氏は大連市長に就任す

二月二十五日　同二十八日の兩日に亘り田中市長就任に付瀨谷助役は民政署北角、篠田兩屬の立會の上同市長に市長事務を引繼ぐ

二月二十六日　第四十五回市會開會、新設大連聾啞學校に對し物品贈與の件を議決した

三月十日　陸軍記念日は日露戰役二十五周年記念日に相當し帝國が國を賭しての大戰に大捷を制し世界的進展の機運を開きたる二十五年前の歷史を回顧し當時を想致して國民的自覺を喚起すべく本市主催にて下記行事を行ふ、奉天戰摸擬戰、忠靈塔參拜（摸擬戰に參加したる各隊）傷兵、戰歿者遺族、模擬戰參加將校準士官約七十名を客賓とする祝賀會、記念講演並映畫會を開催す

三月十七日　第四十六回市會開會、二十二日續開し白菊町市營住宅經營資金起債の件を議決した

四月十一日　第四十七回市會開會、前市長へ感謝狀並慰勞金贈呈の件を直ちに特別委員會に附託審議の上之を可決した

四月十二日　助役瀨谷佐次郎氏辭任す

四月十七日　第四十八回市會開會、永井準一郎氏を助役に推薦決定

四月二十四日　第四十九回市會開會、五月六日續開し昭和五年度戶別割賦課額決定を議決す

六月十日　第五十回市會開會、大連市特別稅不動產取得稅附加稅規則案を可決した

六月二十日　市役所事務分掌規程中改正「各係」を課に改め、課長に主事を以て之に充て、會計課は收入役を、「係主任」を課長に改む
六月二十三日　衛生課を市役所内に移轉す
八月十一日　大連市會議員選擧人名簿を同日より十七日迄市役所に於て關係者の縱覽に供す
八月二十日　大連市役所處務規程中改正、大連市吏員服務規程及大連市役所當直規程制定さる
八月二十六日　第五十一回市會開會、靜ヶ浦町名設定に關し大連民政署長より諮問の件を議決した
八月二十九日　市立大連火葬場事務所を市內櫻花臺百六十八番地に移轉す
九月二十日　大連市會議員補闕選擧を執行し芦刈末喜氏外五名當選す
十月六日　第五十二回市會開會、二十二日、十一月二十七日續開し志岐信太郞と締結したる屎尿賣買契約解除の件、大連市制中改正に關し關東長官に意見書提出の件を審議し、十四日東京驛に於て濱口內閣總理大臣の遭難につき見舞の件を可決し、市會議長より市會を代表して御見舞申上ぐ
十一月二十五日　第五十三回市會開會、市制施行規則中改正に關し意見書を關東長官に提出の件を委員附託、十二月九日續開し可決す
十二月十日　本年九月起工の白菊町市營住宅は本月上旬竣工、同十日檢査引繼を了するに至り申込者に對し抽籤を行ひ當籤者に貸付を爲す
十二月二十二日　大連市會議長恩田熊壽郞氏は其の職を辭した

一七、昭和六年

一月十七日　第五十四回市會開會、恩田市會議長辭任につき、後任市會議長に大內成美氏當選す
一月二十日　國旗の制定及揭揚の方法に關し內閣書記官長よりの回答の趣を關東長官より移牒あり
二月十九日　第五十五回市會開會、二十、二十一、三月九、十一日續開し、諸稅、借地料、水道料電話使用料の輕減に關し關東長官に意見書提出の件（請求者熊谷直治外十一名）行旅病者及死亡者に對し費用辨償に關する法規制定を關東長官並大連市長に意見書提出の件及市常役委員制度活用に關する意見書提出の件等を決議す

三月七日　內親王（順宮厚子）殿下御誕生在らせられたるにつき大連市長は市民を代表し天機、御機嫌奉伺す、豫て決定の御慶事周知方法に基き電氣笛にて市民に報知す

四月六日　山本司令長官麾下の帝國聯合第一、第二艦隊は當港に寄港す、田中市長は旗艦長門及妙高に夫々司令長官を訪問、乘組員に對し清酒、入浴券及繪葉書を贈呈且碇泊中市主催の、第一、第二艦隊幹部歡迎會、艦隊乘組員角力競技會、柔劍道大會、等歡迎行事を行ふ

四月二十七日　第五十六回市會開會、沙河口方面町名變更に付大連民政署長より諮問の件を議決す

七月十三日　第五十七回市會開會、三十一日續開し、傭人退職、死亡給與金規程制定の件、大連市戸別割規則制定の件を議決した

八月二十七日　第五十八回市會開會、九月八日續開し昭和五年度大連市各會計に對する決算認定の件を議決した

九月十四日　大連市長田中千吉氏は其の職を辭す

九月二十二日　傭人退職死亡給與金規程設定さる

十月十日　大連市戸別割規則制定さる

十月二日　第五十九回市會開會、前市長へ感謝狀贈呈並退職給與金支給の件を直ちに可決した

十月二十二日　第六十回市會開會、市長候補者選擧を行ひ第一候補者小川順之助氏を推薦に決定す

十月二十六日　小川順之助氏は大連市長に就任す

十一月七日　永井助役より小川市長に市長事務引繼を了す

十一月十日　大連市助役永井準一郎氏は其の職を辭す

十一月十一日　第六十一回市會開會、大連市質舖規則改正の件を可決した

十一月二十日　皇軍齊々哈爾占領に際し小川市長は本庄軍司令官、多門第二師團長、森獨立守備隊司令官、長谷部混成旅團長に戰捷祝電を發す

十二月八日　第六十二回市會開會、十五日續開し市參事會委任事項中改正の件を議決した

一八、昭和七年

一月一日　時局に鑑み恒例に依る新年互禮名刺交換會は之を廢止し、本市主催にて中央公園忠靈塔前に於て多數市民參加新年祝賀會を開催した
一月二十日　區長及區長代理者徽章佩用規程を制定す
一月十六日　第六十三回市會開會、二十六日、二十八日に亘り續開し大連市立商工學校を實業學校と改稱の件、實業學校學則制定の件等を審議可決し、次で助役決定の件は岡野勇氏を推薦するに決定す
二月一日　岡野勇氏大連市助役に就任す
二月二十九日　第六十四回市會開會、三月十九日續開、昭和七年度歲入出豫算を審議し可決す、尙ほ市會議員恩田熊壽郞氏死去につき大連市會を代表して弔意を表する處があつた
三月四日　大連市立實業學校學則を設定す
四月一日　大連市立商工學校を大連市立實業學校と改稱す
三月十一日　中央公園內滿俱グラウンドに於て本市主催の下に滿洲國の建設を慶祝する慶祝大會を開催した
三月三十一日　市役所事務分掌規程の一部を改正し臨時市政調査課を設置し四月一日より施行す
四月三日　帝國聯合艦隊入港につき小川市長は第一艦隊、第二艦隊司令長官を各旗艦に訪問敬意を表す
四月十九日　第六十五回市會開會、六月二十五日續開し市債償還方法變更の件、戶別割等級及負擔步合決定の件を審議可決す
六月十四日　第六十六回市會開會、中央卸賣市場規則制定の件をその他に關して審議したるが、十七日更に續開し、有馬邊外八名の特別委員附託とし、七月二十八日及二十九日續開し、問題は頗る紛糾したるも遂に委員會修正案を可決した
七月九日　市吏員被服規程は之を廢止し、市吏員及傭人服制、被服貸與規程を制定す
八月十日　市吏員徽章を定め徽章佩用規程を制定す
八月三十日　第六十七回市會開會、九月八日續開し昭和六年度大連市各會計に關する、決算認定の件を可決す
九月十七日　昭和七年九月二日現在に依り調製したる大連市會議員選擧人名簿は、九月二十二日より二十八日まで關係者に縱覽せしむ
九月二十日　大連市功勞者表彰規程に依る功勞章を定む

十月七日　第六十八回市會開會、八日續開し、滿洲大博覽會開催に關し、本年度豫算より金五萬圓支出の件を可決す
十月二十四日　本市に大連市催滿洲大博覽會特別會計を設定し、別に博覽會々則を定む
十一月一日　大連市會議員選擧を行ふ、選擧すべき議員數三十三人、選擧會場は大連彌生高等女學校、大連常盤小學校、大連大正尋常小學校の三ヶ所にして投票時間午前八時より午後五時までとす
十一月十一日　第六十九回市會開會、市會議長、副議長、市參事會員の選擧を行ひ、議長に大内成美、副議長に若月太郎、市參事會員に矢野靜哉、蔦井新助、龐睦堂、志村德造、西田猪之輔、恩田明の六氏何れも當選した
十一月十九日　大連市中央卸賣市場規則及施行細則を制定す
一、大連市中央卸賣市場を大連市入船町四番地に開設し、中央卸賣市場經營特別會計を設定す
十二月二十日　大連市催滿洲大博覽會事務局處務規程を制定す

一九、昭和八年

一月二十日　第七十回市會開會、二十四日續開、常設委員推薦の件及囍園倶樂部代表杉山嘉雄、森宣次郎の兩氏より公共事業費中へ金六千圓、大連稅關長福本順三郎より金九百圓寄附の申出あり、收受及管理の件並に現金前渡の件を審議し之を可決し尙ほ各議員より施政一般に關し質問あつた
二月一日　大連市吏員及傭人忌服規程を制定す
二月七日　大連市催滿洲大博覽會使用料規則を制定す
二月十四日　第七十一回市會開會、二十一日續開、昭和七年度歲入出追加豫算、特別會計中央卸賣市場經營歲入出追加豫算の件を審議し、中央卸賣市場問題に關聯して議論百出し、特別委員會に於て「理事者は越權の疑を生じ易き世話料の支給を市會の承認を經ずして營業者と之を約束し其の覺書を交附したることを陳謝し且つ該覺書の交付は市場問題解決に當り萬已むを得ざりし旨附陳せり、本特別委員會は改組の過渡期たる事情に鑑み本追加豫算に限り世話料の支給を承認す」との附帶條件を付したるを市會に於て可決し、次で大連驛改築、車夫收容所移轉に關する意

見書を決議した

三月三十一日　市役所事務分掌規程中臨時市政調査課を廢止す

三月十四日　第七十二回市會開會、十五日、二十六日、五月二日、十九日の五回に亘り續開し、昭和八年度市歲出入豫算及關聯したる各案につき審議したるが、議事に入るや軍司令官及滿洲國政府國務總理に對し感謝狀を電報することを可決した、即ち

武藤軍司令官宛

忠勇なる皇軍は滿洲國軍と協力し神速果敢熱河の兵匪を掃蕩し以て滿洲國の安寧に貢獻せらる誠に慶賀に堪へず、玆に大連市會の決議を以て祝辭を呈し併せて其勞苦を感謝す

鄭國務總理宛

貴國軍は關東軍と協力し熱河の兵匪を掃蕩し以て蒼生安撫の治績を擧げられたるは寔に同慶に堪へず、玆に大連市會の決議を以て祝意を表す

尙ほ昭和八年度戶別割等級及特等の負擔步合決定の件を可決し、第三中學校建設に關する意見書、市經營の學校職員竝に市內各小學校公學堂に勤務する訓導教諭にして十年以上勤續したるものを表彰する意見書を決議す

四月十日　大連市役所事務監査規程を制定す

四月二十日　市會議員徽章規程を制定す

六月十日　第七十三回市會開會、大連市催滿洲大博覽會特別委員設置の件等を議決す

六月二十日　滿洲大博覽會特別委員として市會議員中より石本鏆太郎外八名を推薦す

一、大連市催滿洲大博覽會觀覽規程、福券附入場券發賣規程を制定す

七月一日　大連市小賣市場規則の一部を改正して沙河口市場を市設大連西市場と改稱す

一、大連市火葬場規則の一部を改正して沙河口火葬場を市立大連西火葬場と改稱す

七月二十三日　大連市催滿洲大博覽會は、白雲山麓の會場に於て朝野內外の名士紳縉二千餘名を招待して盛大なる開會式を擧行した

七月三十日　故武藤元帥の靈柩は大連を通過し軍艦平戶にて歸還につき甲埠頭廣場に市主催を以て告別式を嚴修した

八月五日　第七十五回市會開會、收入役近藤誠久は八月七日を以て任期滿了につき留任せしむる件に關し再薦するに決定す、次で關東軍司令官武藤元帥薨去につき葬儀當日弔電を發するの件は

故武藤閣下の御葬儀に際し偉大なる御生前の御功績を偲び痛惜の情更に切なるものあり玆に大連市會の決議を以て遙かに哀悼の意を表す

と決議す

八月十一日　大連市收入役近藤誠久は任期滿了の處再び收入役に就任した

八月三十日　第七十六回市會開會、十二日續開して昭和七年度大連市各會計に關する決算認定の件を議決した

八月三十一日　大連市催滿洲大博覽會は豫定の期日內に有終の成功を示して盛大なる閉會式を行ふ

十一月十日　大連市役所事務分掌規程を改正して新たに產業課を設く

十二月二十二日　第七十七回市會開會、滿洲大博覽會特別會計追加豫算及中央卸賣市場奬勵金支出の件を審議し、種々質疑の後可決す

十二月二十三日　第七十七回市會續開、皇太子殿下御誕生あらせられたるに付、天機奉伺、御機嫌奉伺の奉祝文起草の委員を選定し、滿場一致を以て次の如く奉祝文を決議す

天機奉伺

親王殿下御誕生在ラセラレ洵ニ慶賀ノ至リニ堪ヘス、玆ニ市會ノ議決ヲ經謹ミテ天機ヲ伺ヒ奉ル

大連市長　小川順之助

右御執奏ヲ請フ

宮內大臣湯淺倉平宛

御機嫌奉伺

親王殿下御誕生在ラセラレ洵ニ慶賀ノ至リニ堪ヘス、玆ニ市會ノ議決ヲ經謹ミテ御機嫌ヲ伺ヒ奉ル

大連市長　小川順之助

右御言上ヲ請フ

皇后宮大夫廣幡忠隆宛
皇太后大宮夫入江爲守宛
久邇宮家別當高橋信三宛

十二月二十九日　中央公園滿倶グラウンドに於て、皇太子殿下御命名式當日奉祝式を擧行し、更に旗行列の市中行進をなし、大連神明高等女學校講堂に於て奉祝宴を催ふした

二〇、昭和九年

一月六日　第七十八回市會開會、元市長石本鏆太郎氏死去につき弔詞及弔慰金贈呈の件を審議し、滿場一致を以て、大連市會は議員石本鏆太郎君の長逝を悼み謹みて弔意を表すと決議し、次で寡婦石本房子に對し金參千圓を贈呈する事に決した

二月五日　第七十九回市會開會、市立中學校設置に關する件に關し審議し直ちに可決した

二月二十一日　大連中學校を設置し、大連市下藤町下藤小學校内に假校舍を設け四月一日より授業を開始す

二月二十二日　大連中學校學則を制定す

二月二十七日　第八十回市會開會、滿洲國皇帝卽位大典につき賀詞奉呈の件を審議し、滿場一致を以て左の賀詞を奉呈するに決議す

貴國今次民衆ノ熱望ニ基キテ帝制實施セラレ
陛下天命ニ順ヒテ皇帝ノ位ニ卽カセ給フ、國本玆ニ定マリ萬代不易、王道ノ偉業正ニ大成サレントス、本日登極ノ大典ヲ仰キ洵ニ慶賀ノ至リニ堪ヘス、玆ニ本市會ノ議決ヲ經、謹ミテ
聖壽ノ萬歳ヲ頌シ寶祚ノ無窮ヲ祈リ奉ル

昭和九年三月一日

大連市長　小川順之助

三月七日　第八十一回市會開會、收入役近藤誠久氏二月十三日死亡せしに付、大岩峯吉氏を後任收入役に推薦決定、次で特別税歡興税規則、特別

税出張販賣稅規則、納稅奬勵規則制定の件を議決す

三月十五日　第八十二回市會開會、昭和九年度歲入出豫算に關する件を審議し、十六日、二十七日に亘り續開し、豫算委員附託の結果を可決確定す

三月三十一日　大連市遊興稅、歡興稅は、大正十四年關東廳令第十三號第九條第一項の規定に依るものと指定さる

三月三十一日　市役所事務分掌規程中の一部を改正し、教育及學藝に關する事項を掌るために學務課を設く

一、大連市小學校及公學堂授業料規則を制定す

四月一日　大連市特別稅歡興稅規則、大連市特別稅出張販賣稅規則、大連市納稅奬勵規則を制定す

五月一日　第八十三回市會開會、十五日、三十一日及六月二日に亘りて續開し實業學校建築資金五萬五千圓起債廢止の件、産業關係諸費として囑託手當及旅費二千二百圓、駐滿軍隊及警察官慰問費七千五百圓を追加豫算として支出の件を決議す、次で大連市内に於けるバス運轉を市營とすべき意見書、旅費規程の改正を審議し原案を修正可決し、更に元帥東鄕平八郞侯爵薨去につき、市會の決議を以て哀悼の電報を發し、昭和九年度戶別割等級及負擔額を議決し、東鄕元帥追悼會經費を追加豫算として支出を決議す

五月十四日　大連市役所事務代決規程を制定す

六月五日　秩父宮殿下御着連あらせらるゝに付、市長は電報を以て前田宮內事務官宛御機嫌を奉伺す

八月三十一日　第八十四回市會開會、九月二日續開して昭和八年度各會計に關する決算認定の件、聯合艦隊歡迎のため追加豫算として四千圓支出の件忠靈塔參道竝境內改修に關する意見書等を決議す

十二月二十日　使用料及手數料其他收入金領置規程を制定す

十二月二十一日　第八十五回市會開會、二十四日續開して追加豫算の火葬場費、接待費、補助費及煤煙防止費、市史編纂費等に關し議決す

二、昭和十年

二月十一日　皇紀二千五百九十五年の紀元節を奉祝し、更に神武恢宏の偉業を讚仰して國民精神作興に資するため建國祭を擧行し、引續き國旗大

行進をなす

三月十日　日露戰役三十周年の陸軍記念日を迎へて忠靈塔前にて恒例の記念式を擧行せる外、日露戰役歷戰者追憶座談會、聯合演習、招魂祭、傷病軍人及遺族慰安會、講演及映畫會等を行ふ

二月二十六日　第八十六回市會開會、參事會員辭任につき補缺選擧を行ひ、菅原恒男、高塚源一、邵愼亭、松浦開地良、龜澤福禎、森川莊吉の六氏當選す、次で市立滿人實業學校設置に關する件につき主として審議す

三月十二日　市會續開、昭和十年度市歲出入豫算案及それに附隨せる各種議案を審議し、十三日及十四日更に續開し、豫算委員に附託す

三月二十五日　第八十六回市會第五日を開會し、豫算案其他を議了す

三月三十一日　大連市立協和實業學校學則を制定す

一、大連市營住宅貸附規則を廢止し、大連市營住宅使用規則を制定す

一、大連市設水泳場使用規則を制定す

一、大連市設社會館規則を制定す

一、大連市立職業紹介所規則を制定す

一、本市に實業學校を設置し、大連市立協和實業學校と稱し、市內下萩町大連中學校內に設け、四月一日より開校す

四月一日　市營住宅使用規則、社會館使用規則、水泳場使用規則の各施行細則を制定す

一、新築中の校舍落成したるにより大連中學校は下藤町より下萩町に移轉す

四月二十五日　第八十七回市會開會、五月十七日の續開に依りて昭和十年度戶別割賦課等級の件、公會堂建設調査に關する追加豫算の件を決議す

五月十二日　大連中學校は校舍竣成したるを以て上棟式を擧行す

五月二十七日　日露戰役三十周年の海軍記念日に當り忠靈塔前にて記念式を擧げ、模擬艦隊の市中行進、海軍に關する講演會を開催す

六月十日　大連市海濱聚落幕舍使用規則を制定す

七月六日　市立協和實業學校は大連中學校內假教室に於て開校式を擧ぐ

七月三十日　第八十八回市會開會、公會堂建設臨時調査委員規程制定を議決し、尚ほ協和實業學校建設資金として張本政外五氏より寄附金收受の件を議決す

大連市役所（昭和十年九月一日現在）

大連市長　小川順之助
助役　岡野勇
收入役　大岩峯吉
總務課長主事　池田公雄
財務課長主事　眞鍋良助
衞生課長主事　武田守人
產業課長主事　丸山郁之助
社會課長主事　長濱哲三郎
學務課長視學　古野保一郎
市場長主事　森本靜志

主事補（學務課）　加納節雄
主事補（社會課）　須田弘一
主事補（產業課）　岩光又雄
主事補（總務課）　高橋貞吉
主事補（財務課）　長野吉藏
主事補（衞生課）　土屋清人
主事補（屠場）　安齊德四郎
主事補（職業紹介所長）　大內喜光
技師補（財務課營繕係）　佐藤岩人
技師補（公園事務所）　田母神昇

市史編纂事務囑託　淺野虎三郎

大連市會（昭和十年九月一日現在）

大連市會議長　大内成美
大連市會副議長　若月太郎

市會議員（イロハ順）（參）トアルハ參事會員

一宮章
今村貫一
石川良三郎
西田猪之輔
麗睦堂
張本政
千種峰藏
劉仙洲
小野實雄
恩田明
笠原博
（參）亀澤福禎
高橋猪兎喜
（參）高塚源一
田中宇市郎
立石保福
蔦井新助
直塚芳夫
上原進
桑野彌一郎
熊谷直治
矢野靜哉
山口十助
（參）松浦開地良
古泉光男
黃信之
相川米太郎
有馬邊
芦刈末喜
許億年
三田芳之助
（參）邵慎亭
志村德造
周子揚
（參）森川莊吉
（參）菅原恒男

市會事務局書記長　鈴木行衞

昭和十年九月二十日印刷
昭和十年九月二十五日發行

（非賣品）

大連市薩摩町一番地
編輯兼發行人　池田公雄

大連市若狹町三十三番地
印刷人　太田信三

大連市若狹町三十三番地
印刷所　小林又七支店印刷部

發行所　大連市役所

近代中国都市案内集成　第38巻

大連市政二十年史《だいれんしせいにじゅうねんし》

2017年 4 月12日　印刷
2017年 4 月25日　刊行

監修・解説　松重充浩《まつしげみつひろ》　木之内 誠《きのうちまこと》　孫安石《ソンアンソク》
発　行　者　荒井秀夫
発　行　所　株式会社ゆまに書房
〒101-0047　東京都千代田区内神田2-7-6
電話　03-5296-0491（代表）

印　刷　株式会社平河工業社
製　本　東和製本株式会社
組　版　有限会社ぷりんてぃあ第二

第38巻定価：本体14,000円＋税　ISBN978-4-8433-5008-9　C3325